El derecho a la pereza

El mito de Prometeo

El ideal socialista

El derecho a la pereza

El mito de Prometeo

El ideal socialista

Paul Lafargue

Grupo Editorial Tomo, S. A. de C. V.
Nicolás San Juan 1043
03100 México, D. F.

1.ª edición, octubre 2015.
2.ª edición, julio 2016.
3.ª edición, marzo 2018.

© *The Right to be Lazy / The Mythe of Prometheus*
  The Socialist Ideal
  Paul Lafargue

© 2018, Grupo Editorial Tomo, S. A. de C. V.
  Nicolás San Juan 1043, Col. Del Valle
  03100, Ciudad de México.
  Tels. 5575-6615, 5575-8701 y 5575-0186
  Fax. 5575-6695
  www.grupotomo.com.mx
  ISBN-13: 978-607-415-737-6
  Miembro de la Cámara Nacional
  de la Industria Editorial N.° 2961

Traducción: Roberto Mares Ochoa
Diseño de portada: Karla Silva
Formación tipográfica: Marco Antonio Garibay M.
Supervisor de producción: Leonardo Figueroa

Impreso en México - *Printed in Mexico*

Índice

Prólogo 7

El derecho a la pereza 15
  Preámbulo 15
  1. Un dogma desastroso 19
  2. Bendiciones del trabajo 25
  3. Consecuencias de la
       sobreproducción 43
  4. A nuevas apariencias, nueva
       realidad 63

Apéndice 73
Notas 81

El mito de Prometeo 93

El ideal socialista 151

Prólogo

Paul Lafargue nació en Santiago de Cuba, en 1842, como nacional de España, pues en aquellos tiempos Cuba era una colonia española, aunque también como francés, pues esa era la nacionalidad de su padre, François Lafargue, quien había hecho fortuna con una plantación de café en Cuba. En 1851, a la edad de nueve años, va con su familia a vivir a Burdeos, que era la ciudad de los ancestros del padre. En Burdeos y Toulouse realiza sus estudios básicos y posteriormente se traslada a París, donde estudia medicina, alternando esta actividad con el activismo político en favor de las clases oprimidas y declarándose positivista, socialista, materialista y ateo.

En 1864 comienza a colaborar en la revista *Rive Gauche*, de clara tendencia socialista con visos de anarquismo, lo que le vale ser expulsado de la Universidad de París. Al año siguiente viaja a Londres junto con Charles Longuet, fundador de la revista, y conoce a Karl Marx, que en aquellos tiempos dirigía la Asociación de Trabajadores, lo cual llegaría a ser conocida históricamente como la "Primera Internacional", en cuya sección francesa ya militaba Lafargue.

Establecido en Londres, retoma sus estudios de medicina; pero en 1866 es nombrado miembro del Consejo General de la Primera Internacional; tiempo después se le encarga la secretaría de la organización en España, donde era necesario defender las teorías de Marx y tratar de desvirtuar las tendencias anarquistas basadas en las tesis de Bakunin, que se habían convertido en la principal corriente ideológica de izquierda en España, principalmente en las regiones de Andalucía y Cataluña.

En 1868, a la edad de 24 años, Lafargue contrae matrimonio con Laura Marx, de veinte años, hija de su maestro y amigo, y se establecen en París, en el 47 de la rue de Cherche-Midi, donde nace su primer hijo, Etienne. Dos años más tarde tienen una hija que moriría a los tres meses de edad. En esos tiempos nacería en Francia el experimento político que llamarían la

"Tercera República", y Lafargue decide apoyarla, a pesar de considerarla como una estrategia de la burguesía para tomar el poder; de cualquier manera aquello era un avance social que podía favorecer el progreso del socialismo. Lafargue funda un periódico llamado "La Defensa Nacional", con la idea de tener un órgano crítico frente a la tendencia derechista de la burguesía francesa, que había encontrado un defensor acérrimo en la figura de Adolphe Thiers, quien, ya como presidente, inicia una fuerte campaña represiva sobre los movimientos populares que llevarían al levantamiento del 18 de marzo de 1871, en París, conocido como "La Comuna". Lafargue y sus compañeros internacionalistas defienden abiertamente ese movimiento, tratando de expandirlo a la provincia francesa con la idea de convertirlo en un factor de unificación proletaria y elevarlo a la condición de revolución.

En medio de esta agitación política, el matrimonio tiene su tercer hijo, que también muere al poco tiempo. En mayo de ese mismo año Lafargue recibe la noticia de que el gobierno de Thiers ha decidido encarcelarlo, por lo que huye con su familia y se refugia en España, donde permanecerá un año, retomando su trabajo en la

Internacional española, contando con la asesoría de Engels, pero sin grandes logros en lo relativo al posicionamiento del marxismo sobre el anarquismo. Durante ese tiempo en España, cae enfermo el hijo mayor y finalmente muere. Aquel también sería el año de la muerte de la Primera Internacional.

En 1873, después de la derrota de la Comuna de París, la ultraderecha francesa toma el poder y establece un gobierno todavía más represivo que el de Thiers, lo que generalizó una corriente de avasallamiento de la clase obrera en Europa y una crisis económica que representaba para los marxistas una oportunidad de canalizar el descontento hacia una posición revolucionaria. En esa tesitura el activista Jules Guesde funda una revista llamada *L'Egalité*, que se convirtió en el principal órgano de propaganda de la clase obrera. Radicado en Londres, Lafargue colabora con esa publicación y es ahí donde publica por primera vez su ensayo *Le droit à la paresse* (*El derecho a la pereza*), cuya principal tesis es la refutación de la "virtud" del trabajo, tan manejada en el capitalismo burgués, como una operación psicológica tendiente a generar una melancólica conformidad en los trabajadores explotados.

Para Lafargue, más que un derecho o una virtud, el trabajo asalariado es una maldición, pues constituye la fuente principal del sufrimiento de la gente y es causa de la nefasta sobreproducción, que es un problema endémico del sistema capitalista, en el que se habrán de producir crisis periódicas de ajuste entre la producción y el consumo, que conducen al proletariado a vivir siempre entre dos grandes males: la sobrecarga de trabajo o la miseria en el desempleo. Para Lafargue, como para Lenin, el socialismo y el gran recurso de las máquinas habrían de liberar a la humanidad de la fatiga y el enajenamiento que produce el trabajo, considerando que el principal derecho de las personas es la libertad, que conlleva el bienestar y el disfrute de la vida.

La postura humanista y hedonista de Lafargue fue aceptada con gran entusiasmo por los socialistas y republicanos de finales del siglo XIX, por lo que *El derecho a la pereza* se convirtió en el libro marxista más difundido durante esa época, y seguramente causó en mucha gente el deseo de colaborar en un cambio social en el tono de la izquierda, pero las corrientes del socialismo intolerante y maniqueo acallaron el sentimiento de alegría contenido en este libro y optaron por el dramatismo de la "dictadura del proletariado" que llegó a convertirse en una dictadura a secas en la Unión Soviética, donde la obra de Lafargue fue satanizada y el trabajo volvió a tener visos de heroísmo.

De cualquier manera, Lafargue no llegaría a ver el advenimiento del marxismo como sistema de Estado, pues el 26 de noviembre de 1911, él (de 69 años) y su esposa Laura (de 65) decidieron realizar lo que aparentemente había sido un pacto suicida, aunque de la carta que dejó Lafargue no se deduce tal cosa:

Estando sano de cuerpo y espíritu, me quito la vida antes de que la implacable vejez me arrebate uno después de otro los placeres y las alegrías de la existencia, y de que me despoje también de mis fuerzas físicas e intelectuales; antes de que paralice mi energía, de que resquebraje mi voluntad y de que me convierta en una carga para mí y para los demás. Hace ya años que me prometí a mí mismo no rebasar los setenta, siendo por ello por lo que elijo este momento para despedirme de la vida, preparando para la ejecución de mi resolución una inyección hipodérmica con ácido cianhídrico. Muero con la alegría suprema de tener la certidumbre de que, en un futuro próximo, triunfará la causa por la que he luchado durante cuarenta y cinco años. ¡Viva el comunismo! ¡Viva el socialismo internacional!".

Tal vez este suicidio fue una especie de homenaje a la energía de la vida, o quizás la manifestación de una patología narcisista; pero al menos Lafargue se ahorró la pena de verse viejo, denostado y olvidado por sus propios correligionarios.

Roberto Mares

El derecho a la pereza

Preámbulo

En 1849, en el seno de la Comisión para la Instrucción Primaria, Thiers*[1] decía:

> Quiero hacer poderosa la influencia del clero, porque tengo puestas mis esperanzas en él para que propague la buena filosofía que enseña al hombre que solo está aquí abajo para sufrir, y no esa filosofía que, por el contrario, le dice al hombre: ¡goza!

De este modo formulaba Thiers la moral de la clase burguesa, cuyo feroz egoísmo y corta inteligencia encarnó su persona.

---

* Ver notas al final del presente ensayo.

La burguesía enarboló el libre examen y el ateísmo como banderas, cuando luchó contra la nobleza, sostenida por el clero; pero cuando hubo triunfado en esa lucha, cambió de tono y de proceder, y ahora espera apuntalar con la religión su supremacía económica y política. En los siglos XV y XVI, la burguesía había recuperado alegremente la tradición pagana y glorificaba la carne y sus pasiones, tan reprobadas por el cristianismo; en nuestros días, colmada de bienes y de placeres como está, reniega de las enseñanzas de sus pensadores —los Rabelais, los Diderot…— para predicar la abstinencia a los asalariados. La moral capitalista, esa miserable parodia de la moral cristiana, anatemiza la carne del trabajador. El ideal que ha adoptado es el reducir al productor al mínimo de necesidades, el suprimir sus alegrías y sus pasiones, y el condenarlo al papel de máquina productora del trabajo sin tregua ni piedad.

Por eso, los socialistas revolucionarios deben recomenzar el combate que antes de ellos acometieron los filósofos y los panfletarios de la burguesía, deben tomar al asalto la moral y las teorías sociales del capitalismo, deben desterrar de las cabezas de la clase llamada a la acción los prejuicios sembrados por la clase reinante y deben proclamar ante las narices de los hipócritas de todas las morales que la tierra dejará de ser el valle de lágrimas del trabajador. Pues en la sociedad comunista del porvenir —que nosotros fundaremos, pacíficamente si es posible, y si no por medio de la violencia— las pasiones de los hombres no serán refrenadas, por la sencilla razón de que "todas son buenas en su naturaleza, y lo único que debemos evitar es su mal uso y sus excesos",[2] lo cual solo se conseguirá por una mutua compensación y por el desarrollo armónico del organismo humano. Porque, como dice el doctor Beddoe, "una raza no alcanza su más alto punto de energía y de vigor moral en cuanto alcanza su máximo desarrollo físico".[3] Tal era también la opinión del gran naturalista Charles Darwin.[4]

La presente refutación del Derecho al Trabajo, que ahora reedito con algunas notas adicionales, apareció originalmente en el semanario *L'Egalité*, segunda serie, en 1880.

Paul Lafargue
Prisión de Sainte-Pélagie, 1883

1. Un dogma desastroso

Seamos perezosos en todas las cosas,
excepto en amar y en beber,
excepto en ser perezosos.
Lessing

Una extraña locura se ha apoderado de las clases obreras en las naciones donde reina la civilización capitalista, una locura que no es sino el resultado de las miserias individuales y sociales que, desde hace siglos, torturan a la triste humanidad. Esta locura es el amor al trabajo, la pasión moribunda por el trabajo llevado hasta el agotamiento de las fuerzas vitales del individuo y de su prole. Los curas, los economistas, los moralistas, en lugar de reaccionar contra esta aberración mental, han santificado al trabajo. Siendo hombres ciegos y de pensamiento simple, han querido ser más sabios que su Dios; siendo hombres débiles y despreciables, han querido rehabilitar lo que su Dios había maldecido. Y yo, que no profeso la religión cristiana, ni soy economista ni moralista, invoco el juicio de su Dios frente al suyo; frente a las predicaciones de su moral religiosa, económica y librepensadora, señalo las aterradoras consecuencias del trabajo en la sociedad capitalista.

En este tipo de sociedad, el trabajo es la causa de toda degeneración intelectual, de toda deformación orgánica. Comparen, por ejemplo, el "pura sangre" de las caballerizas de Rothschild, atendido por una turba de lacayos, con la tosca bestia de las granjas normandas, que trabaja la tierra, acarrea el estiércol y transporta la cosecha. Observen al noble salvaje que los misioneros del comercio y los especuladores de la religión no han corrompido todavía con el cristianismo, la sífilis y el dogma del trabajo, y observen luego a nuestros miserables sirvientes de máquinas.[5]

Cuando en nuestra civilizada Europa se quiere volver a encontrar un rastro de belleza natural del hombre, debemos ir a buscarla a las naciones donde los prejuicios económicos todavía no extirparon el odio al trabajo. España, que lamentablemente se está degenerando, puede todavía vanagloriarse de poseer menos fábricas que nosotros prisiones y cuarteles; el artista se regocija admirando al atrevido andaluz, moreno como las castañas, derecho y flexible como una vara de acero; y el corazón del hombre se conmueve al oír al mendigo, soberbiamente envuelto en su *capa** tratar de *amigo* a los duques de Osuna. Para el español, en el que el animal primitivo no está aún atrofiado, el trabajo es la peor de las esclavitudes.[6] También los griegos de la época de oro despreciaban el trabajo: solo a los esclavos les estaba permitido trabajar: el hombre libre valoraba solamente los ejercicios corporales y los juegos de la inteligencia. Era también el tiempo en que se caminaba y se respiraba en un pueblo de hombres como Aristóteles, Fidias, Aristófanes; eran los tiempos en que un puñado de valientes aplastaba en Maratón a las hordas de Asia que Alejandro iba luego a conquistar. Los filósofos de la antigüedad enseñaban el desprecio al trabajo, esa degradación del hombre libre; los poetas cantaban a la pereza, ese regalo de los dioses:

O Melibae, Deus nobis haec otia fecit.[7]

En su sermón de la montaña, el propio Cristo predicó la pereza:

---

* En español en el original.

Contemplen cómo crecen los lirios de los campos: ellos no trabajan ni hilan; sin embargo yo les digo que ni aun Salomón, con toda su gloria, fue vestido con tanta belleza como cualquiera de ellos.[8]

Jehová, el dios barbado y hosco, dio a sus adoradores el supremo ejemplo de la pereza ideal; después de seis días de trabajo, descansó por toda la eternidad.

Por el contrario, ¿cuáles son las razas para las que el trabajo es una necesidad orgánica? Los auverneses, los escoceses, esos auverneses de las islas Británicas; los gallegos, esos auverneses de España; los pomenarios, esos auverneses de Alemania; los chinos, esos auverneses de Asia. En nuestra sociedad, ¿cuáles son las clases que aman el trabajo por el trabajo mismo? Los campesinos propietarios y los pequeños burgueses que, encorvados los unos sobre sus tierras, y enclaustrados los otros en sus tiendas, se revuelven como los topos en sus galerías subterráneas, sin levantar jamás la cabeza para contemplar a gusto la naturaleza.

Y sin embargo, el proletariado, la gran clase que abarca a todos los productores de las naciones civilizadas, la clase que, al emanciparse, emancipará a la humanidad del trabajo servil y hará del animal humano un ser libre; el proletariado, traicionando sus instintos, e ignorante de su misión histórica, se ha dejado pervertir por el dogma del trabajo. Pero su castigo ha sido rudo y terrible. Todas las miserias individuales y sociales que nos aquejan son el producto de su pasión por el trabajo.

2. Bendiciones del trabajo

En 1770 apareció en Londres un escrito anónimo titulado *An Essay on Trade and Commerce*, que provocó en la época un cierto alboroto. Su autor, gran filántropo, se indignaba por el hecho de que... *a la plebe manufacturera de Inglaterra se le había metido en la cabeza la idea fija de que por ser ingleses todos los individuos que la componen tienen, por derecho de nacimiento, el privilegio de ser más libres y más independientes que los obreros de cualquier otro país de Europa. Esta idea puede tener su utilidad para los soldados, dado que estimula su valor; pero cuando menos estén imbuidos de ella los obreros de las manufacturas, mejor será para __s mismos y para el Estado. Los obreros no d\`\`\`\`\` \`amás considerarse independientes de sus superiores. Es extremadamente peligroso estimular semejantes caprichos en un Estado comercial como el nuestro, donde, quizás, siete octavos de la población tienen poca o ninguna propiedad. La cual no será completa en tanto que*

nuestros pobres de la industria no se resignen a tra-
bajar seis días por la misma suma que ganan ahora
en cuatro.

De esta manera, cerca de un siglo antes de
Guizot, se predicaba abiertamente en Londres
el trabajo como un freno a las nobles pasiones
del hombre.

El 5 de mayo de 1807, escribió Napoleón
desde Ostende:

> Cuanto más trabajen mis pueblos, menos vi-
> cios habrá. Yo soy la autoridad (…) y estaría
> dispuesto a ordenar que el domingo, luego de
> la hora de la misa, las tiendas se abrieran y los
> obreros volvieran a su trabajo.

Para extirpar la pereza y doblegar los sentimientos de arrogancia e independencia que engendra, el autor de *Assay on Trade…* proponía
encarcelar a los pobres en las casas de trabajo
ideales (*ideal workhouses*), que se convertirían en
…casas de terror donde se les haría trabajar catorce
horas por día, de tal manera que, restando el tiem-
po de la comida, quedarían doce horas de trabajo
plenas y completas.

Doce horas de trabajo por día: he ahí el ideal de los filántropos y de los moralistas del siglo XVIII. ¡Cómo hemos sobrepasado ese *non plus ultra*! Los talleres modernos se han convertido en casas ideales de corrección donde se encarcela a las masas obreras, donde se condena a trabajos forzados durante doce y catorce horas, ¡no solamente a los hombres, sino también a las mujeres y a los niños![9] ¡Y pensar que los hijos de los héroes del Terror se dejaron degradar por la religión del trabajo al punto de aceptar, después de 1848, como una conquista revolucionaria, la ley que limitaba a doce horas el trabajo en las fábricas! Y pensar que proclamaban, como un principio revolucionario, el derecho al trabajo. ¡Vergüenza para el proletariado francés! Solo esclavos hubiesen sido capaces de tal bajeza. Hubieran sido necesarios veinte años de civilización capitalista para que un griego de los tiempos heroicos concibiera tan envilecimiento. Y si las penas del trabajo forzado, si las torturas del hambre se abrieron sobre el proletariado en mayor cantidad que las langostas de la Biblia, es porque él mismo las ha llamado.

Este trabajo, que en junio de 1848 los obreros reclamaban con las armas en la mano, lo impusieron a sus familias; entregaron a sus mujeres y a sus hijos a los príncipes de la industria. Con sus propias manos demolieron sus hogares y secaron la leche de sus mujeres; las infelices, embarazadas y amamantando a sus bebés, debieron ir a las minas y a las manufacturas para doblegar su espinazo y fatigar sus músculos; con sus propias manos han quebrantado la vida y el vigor de sus hijos. ¡Vergüenza para los proletarios!

¿Dónde están aquellas alegres matronas de las que hablan nuestras fábulas y nuestros viejos cuentos, osadas en la conversación, francas al hablar, amantes de la buena bebida? ¿Dónde están esas mujeres decididas, siempre correteando, siempre cocinando, siempre cantando, siempre sembrando la vida y engendrando la alegría, pariendo sin dolor niños sanos y vigorosos?... Porque lo que hoy tenemos son niñas y mujeres de fábrica, enfermizas flores de pálidos colores, de sangre sin brillo, con el estómago destruido, con los miembros debilitados... ¡Ellas no conocieron jamás el placer robusto y no sabrían contar con alegría cómo perdieron su virginidad!... ¿Y los niños? Doce horas de trabajo para los niños. ¡Oh, miseria! Pero todos los Jules Simon de la Academia de Ciencias Morales y Políticas, todos los Germiny de la caterva de jesuitas, no habrían podido inventar un vicio más embrutecedor para la inteligencia de los niños, más corruptor de sus instintos, más destructor de su organismo, que el trabajo en la atmósfera viciada del taller capitalista.

Nuestra época es, dicen, el siglo del trabajo; y ciertamente, este es el siglo del dolor, de la miseria y de la corrupción.

Y sin embargo, los filósofos y los economistas burgueses (desde el penosamente confuso Auguste Comte hasta el ridículamente claro Leroy-Beaulieu); los hombres de letras burgueses (desde el charlatán romántico Víctor Hugo hasta el ingenuamente grotesco Paul de Kock), todos han entonado sus cánticos repulsivos en honor del dios Progreso, el hijo primogénito del Trabajo. Al escucharlos puede uno pensar que la felicidad reinará sobre la tierra, o mejor dicho, que ya se siente su llegada. Y es que todos ellos han escarbado en el polvo y la miseria feudales de los siglos pasados para extraer de la oscuridad las delicias de los tiempos presentes. ¿Acaso nos han cansado los bien alimentados, los satisfechos, hasta hace poco todavía miembros del séquito de los grandes señores, y hoy sirvientes literarios de la burguesía, muy bien pagados? ¿Nos cansaron con la rusticidad del retórico La Bruyère? Y bien, he aquí el brillante cuadro de los gozos proletarios en el año del progreso capitalista de 1840, pintado por uno de ellos, el doctor Villermé, miembro del Instituto, el mismo que, en 1848, formó parte de esa sociedad de sabios (integrada también por Thiers, Cousin, Passy, Blanqui el académico, y otros) que propagaba en las masas las necedades de la economía y de la moral burguesas.

El doctor Villermé habla de la Alsacia manufacturera, de la Alsacia de los Kestner y los Dollfus, esa flor y nata de la filantropía y del republicanismo industrial. Pero antes de que el doctor muestre ante nosotros el cuadro de las miserias proletarias, escuchemos a un manufacturero alsaciano, el señor T. Mieg, de la firma "Dollfus, Mieg et Cie", describiendo la situación del artesano de la antigua industria:

En Mulhouse, hace cincuenta años (en 1813, cuando nacía la moderna industria mecánica), los obreros eran todos naturales del territorio, que habitaban la ciudad y los pueblos circundantes y que poseían casi todos una casa y a menudo un pequeño huerto.[10]

Era la Edad de Oro del trabajador. Pero entonces la industria alsaciana todavía no inundaba el mundo con sus telas de algodón y no enriquecía a sus Dollfus y sus Koechlin. En cambio, veinticinco años después, cuando Villermé visitó Alsacia, el minotauro moderno, que es el taller capitalista, ya había conquistado la región; poseído por su apetito desmedido de trabajo humano, había arrancado a los obreros de sus hogares para doblegarlos mejor y para exprimir mejor el trabajo que contenían. Los obreros acudían por millares al llamado silbante de la máquina... dice Villermé:

Un gran número de ellos, cinco mil sobre diecisiete mil aproximadamente, por la carestía de los alquileres, se veían obligados a alojarse en los pueblos vecinos. Algunos habitaban a más de dos leguas de distancia de la fábrica donde trabajaban.

En Mulhouse, en Dornach, el trabajo comenzaba a las cinco de la mañana y terminaba a las cinco de la tarde, tanto en verano como en

invierno. (…) Hay que verlos llegar cada mañana a la ciudad y partir cada tarde. Hay entre ellos una multitud de mujeres pálidas, fla-
cas, que caminan descalzas en medio del barro
y que, a falta de paraguas, se protegen la cara y
el cuello con sus delantales y sus enaguas, vol-
cados sobre la cabeza, tanto si llueve como si
nieva; y un número aún más considerable de
niños pequeños y muchachos no menos sucios, no menos pálidos, cubiertos de harapos y
embadurnados del aceite de las máquinas que
cae sobre ellos mientras trabajan. Estos últimos, mejor protegidos de la lluvia por la im-
permeabilidad de sus vestimentas, no tienen en
el brazo, como las mujeres de que se acaba de
hablar, una cesta con las provisiones de la jornada; Pero llevan en la mano, o cubren bajo su
chaleco como pueden, el pedazo de pan que
les servirá como alimento hasta la hora de su
regreso a casa.

De esta manera, a la fatiga de una jornada
desmesuradamente larga —ya que es de por lo
menos quince horas—, se suma para estos infelices la fatiga de las idas y venidas tan frecuen-
tes, tan penosas. El resultado es que a la noche
llegan a sus casas abrumados por la necesidad

de dormir, y que a la mañana tienen que salir de ellas antes de haber recuperado por completo sus fuerzas, para encontrarse en el taller a la hora de la apertura.

Veamos ahora cómo se vivía en los cuartuchos donde se amontonaban los que residían en la ciudad:

En Mulhouse, en Dornach y en vecindarios similares, he visto esos miserables alojamientos donde dos familias se acostaban cada una en un rincón, sobre la paja arrojada al suelo y sostenida por dos tablas. Esta miseria en la que viven los obreros de la industria del algodón en el departamento del Alto Rin es tan profunda que produce este triste resultado: mientras que en las familias de los fabricantes negociantes, fabricantes de paños, directores de fábricas, y demás, la mitad de los niños alcanzan los veintiún años, mientras que esa misma mitad deja de existir antes de cumplir los dos años en las familias de tejedores y de obreros de las hilanderías de algodón.

Refiriéndose al trabajo en el taller, Villermé agrega:

No es un trabajo, una tarea, sino una tortura, y se inflige a niños de seis a ocho años. Es este largo suplicio de todos los días el que mina principalmente a los obreros de las hilanderías de algodón.

Y a propósito de la duración del trabajo, Villermé observaba que mientras los presidiarios de las mazmorras no trabajaban más de diez horas y los esclavos de las Antillas nueve horas en promedio, en la Francia que había hecho la revolución del 89 y que había proclamado los pomposos Derechos del Hombre, había manufacturas donde la jornada era de dieciséis horas, sobre las que se otorgaba a los obreros una hora y media para comer.[11]

¡Oh, miserable aborto de los principios revolucionarios de la burguesía! ¡Oh, lúgubre regalo de su dios Progreso! Los filántropos aclaman como benefactores de la humanidad a los que, para enriquecerse sin trabajar, dan su trabajo a los pobres; mejor valdría sembrar la peste o envenenar las fuentes que levantar una fábrica en medio de una población rural. Introduzcan el trabajo fabril, y adiós alegría, salud, libertad; adiós a todo lo que hace la vida bella y digna de ser vivida.[12]

Y los economistas siguen repitiendo a los obreros: ¡Trabajen para aumentar la riqueza social! Y sin embargo un economista, Destutt de Tracy les responde:

> Es en las naciones pobres donde el pueblo vive con comodidad; es en las naciones ricas donde es, comúnmente, pobre.

Y su discípulo Cherbuliez continúa:

> Los propios trabajadores, cooperando en la acumulación de capitales productivos, contribuyen a la creación de las condiciones que, tarde o temprano, habrán de privarlos de una parte de su salario.

Sin embargo, aturdidos e idiotizados por su propio griterío, los economistas responden: "¡Trabajen, trabajen siempre para crear su propio bienestar! Y en nombre de la mansedumbre cristiana, un sacerdote de la Iglesia Anglicana, el reverendo Townshend, salmodia:

> Trabajen, trabajen noche y día; trabajando hacen crecer su miseria, y su miseria nos dispensa de imponerles el trabajo por la fuerza de la ley.

La imposición legal del trabajo es demasiado penosa, exige demasiada violencia y hace demasiado ruido; el hambre, por el contrario, no es solo una presión apacible, silenciosa, incesante, sino que, siendo el móvil más natural del trabajo y de la industria, provoca también los más potentes esfuerzos.

Trabajen, trabajen, proletarios, para aumentar la riqueza social y sus miserias individuales; trabajen, trabajen para que, volviéndose más pobres tengan más razones para trabajar y ser miserables. Tal es la ley inexorable de la producción capitalista.

Prestando oído a las falsas palabras de los economistas, los proletarios se han entregado en cuerpo y alma al vicio del trabajo, precipitando así a toda la sociedad en las crisis industriales de la sobreproducción que convulsionan el organismo social. Entonces, debido a que hay una plétora de mercancías y escasez de compradores, los talleres se cierran y el hambre azota las poblaciones obreras con su látigo de mil correas. Los proletarios, embrutecidos por el dogma del trabajo, sin comprender que la causa de su miseria es el sobretrabajo que ellos mismos se infligieron en los tiempos de la pretendida prosperidad es la causa de su miseria presente; no corren al granero de trigo y gritan: "¡Tenemos hambre y queremos comer! Es cierto que no tenemos ni un centavo, pero por pobres que seamos, somos nosotros los que cegamos el trigo y recolectamos la uva…" No asedian los almacenes del señor Bonnet, de Jujurieux, el inventor de los conventos industriales, y ni siquiera claman:

"Señor Bonnet, he aquí a sus obreras ovalistas, torcedoras, hilanderas, tejedoras, tiritando bajo sus prendas de algodón, que están tan remendadas que perturbarían hasta a un judío, y sin embargo, son ellas las que hilaron y tejieron los vestidos de seda de las mujerzuelas de toda la cristiandad. Las pobres, trabajando trece horas por día, no tenían tiempo de pensar en acicalarse; hoy holgazanean y pueden hacer crujir los vestidos que hicieron. Desde que perdieron sus dientes de leche se han dedicado a acrecentar la riqueza de usted y han vivido en la abstinencia; ahora tienen tiempo libre y quieren gozar un poco de los frutos de su trabajo. Vamos, señor Bonnet, entregue sus telas; el señor Harmel proporcionará sus muselinas, el señor Pouyer-Quertier sus telas de algodón, el señor Pinet sus botines para sus pequeños pies fríos y húmedos. Bien vestidas de pies a cabeza y muy contentas, nos darán a todos el placer de admirarlas. ¡Vamos, nada de tergiversaciones!: es usted amigo de la humanidad, ¿no es cierto? Es cristiano antes que mercader, ¿verdad? Entonces ponga a disposición de sus obreras la riqueza que ellas mismas produjeron con la carne de su carne. ¿Es usted amigo del comercio?, entonces facilite la circulación de las mercancías; he aquí a los consumidores todos juntos; otórgueles créditos ilimitados. Usted está obligado a dárselo a negociantes que no conoce, que no le han dado nada, ni siquiera un vaso de agua. Sus obreras cumplirán como puedan; si el día del vencimiento ellas dejan que protesten su firma, entonces usted las declarará en quiebra, y si ellas no tienen nada que pueda ser embargado, usted les exigirá que le paguen con plegarias: ellas lo enviarán al paraíso mejor que sus curas con sotanas negras y su nariz llena de tabaco".

En vez de aprovechar los momentos de crisis para una distribución general de los productos y una holganza y regocijo universales, los obreros, muertos de hambre, van a golpearse la cabeza contra las puertas del taller. Con rostros pálidos, cuerpos enflaquecidos, con palabras lastimosas,

acometen a los fabricantes: "¡Buen señor Cha-
got, dulce señor Schneider, denos trabajo; no es
el hambre, sino la pasión del trabajo lo que nos
atormenta!". Y estos miserables, que apenas tienen fuerza para mantenerse en pie, venden doce
o catorce horas de trabajo a un precio dos veces
menor que en el momento en que tenían pan
sobre la mesa. Y los filántropos de la industria
aprovechan la desocupación para fabricar a mejor precio.

Si las crisis industriales siguen a periodos de
sobretrabajo tan fatalmente como la noche al
día, arrastrando tras ellas el descanso forzado y
la miseria sin salida, ellas traen también la ban-
carrota inexorable. Mientras el fabricante tiene
crédito, da rienda suelta al delirio del trabajo,
pidiendo más y más dinero para proporcionar la
materia prima a los obreros. Hay que producir,
sin reflexionar que el mercado se abarrota y que,
si sus mercancías no se venden, sus pagarés se
vencerán. Aguijoneado, va a implorar al judío,
se arroja a sus pies, le ofrece su sangre, su honor.
"Una pequeña pieza de oro haría mejor mi negocio —responde el Rothschild—; usted tiene
20 000 pares de medias en su tienda; valen veinte
monedas de cobre, yo las tomo a cuatro". Obteni-

das las medias, el judío las vende a seis u ocho monedas de cobre y se embolsa las inquietas cien monedas de cobre que no le deben nada a nadie, pero el fabricante retrocedió para saltar mejor. Finalmente llega la debacle y las tiendas estallan; se arrojan entonces tantas mercancías por la ventana, que no se sabe cómo entraron por la puerta. El valor de las mercancías destruidas se calcula en centenas de millones; en el siglo XVIII se quemaban o tiraban al mar.[13]

Pero antes de llegar a esta conclusión, los fabricantes recorren el mundo en busca de salida para las mercancías que se amontonan; obligan a su gobierno a anexionar el Congo, a apoderarse de Tonkin, a destruir a cañonazos las murallas de China, todo para colocar de manera conveniente sus excedentes de telas. En siglos pasados hubo un duelo a muerte entre Inglaterra y Francia para definir quién tendría el privilegio exclusivo de vender en América y en las Indias. Miles de hombres jóvenes y fuertes enrojecieron los mares con su sangre durante las guerras coloniales de los siglos XVI, XVII y XVIII.

Los capitales abundan tanto como las mercancías. Los rentistas ya no saben dónde colocarlos; van entonces a las naciones felices en donde la gente se tira al sol a fumar cigarrillos y se ponen a construir líneas férreas, levantar fábricas e importar la maldición del trabajo. Hasta que esta exportación de capitales franceses se termina una mañana por complicaciones diplomáticas; en Egipto, Francia, Inglaterra y Alemania estuvieron a punto de tomarse de los cabellos para saber a qué usureros les pagarían primero, o por guerras como la de México, donde se envía a soldados franceses para hacer el trabajo de alguaciles y cobrar las deudas impagadas.[14]

Estas miserias individuales y sociales, por grandes y complejas que sean, por eternas que parezcan, desaparecerían precipitadamente, como lo hacen las hienas y los chacales ante la proximidad del león, cuando el proletariado diga: "Yo quiero que terminen". Pero para que tome conciencia de su fuerza, el proletariado debe aplastar con sus pies los prejuicios de la moral cristiana, económica y librepensadora; debe retornar a sus instintos naturales, proclamar los derechos de la pereza, mil veces más nobles y más sagrados que los enflaquecidos derechos del hombre, proclamados por los abogados metafísicos de la revolución burguesa; que se limite a trabajar no más de tres horas por día, a holgazanear y comer el resto del día.

Hasta aquí, mi tarea ha sido fácil, pues no tenía más que describir los males reales bien conocidos —lamentablemente— por todos nosotros. Pero soy consciente de que convencer al proletariado de que la palabra que se les inoculó es perversa, de que el trabajo desenfrenado a que se entregó desde comienzos del siglo es la calamidad más terrible que haya jamás golpeado a la humanidad, de que el trabajo solo se convertirá en un condimento del placer de la pereza, un ejercicio benéfico para el organismo humano, una pasión útil para el organismo social en el momento en que sabiamente reglamentado y limitado a un máximo de tres horas por día, es una tarea ardua, superior a mis fuerzas; eso es algo que solo los médicos, los higienistas y los economistas comunistas podrán hacer. En las páginas que siguen intentaré demostrar que, dados los medios de producción modernos y su potencia reproductiva ilimitada, se hace necesario acabar con la extravagante pasión de los obreros por el trabajo y obligarlos a consumir las mercancías que producen.

3. Consecuencias de la sobreproducción

Un poeta griego de la época de Cicerón, Antíparos, celebraba así la invención del molino de agua, que servía para la molienda del grano, pensando que iba a emancipar a las mujeres esclavas y a recuperar la edad de oro:

Molineras, ahorren la fuerza del brazo que hace girar la piedra del molino y duerman plácidamente. Que el gallo les advierta en vano la llegada del día. Danae impuso a las ninfas el trabajo de las esclavas, y miren cómo saltan alegremente en el camino y cómo el eje del carro rueda con sus rayos, haciendo girar la pesada piedra rodante. ¡Vivamos la vida de nuestros padres y, ociosos, regocijémonos de los dones que la diosa nos concede!

Lamentablemente, el ocio que el poeta pagano anunciaba no llegó; la pasión ciega, perversa y homicida del trabajo transforma la máquina liberadora en un instrumento de servidumbre de los hombres, pues su productividad los empobrece.

Una buena obrera, con la ayuda del huso, fabrica solo cinco mallas por minuto; ciertos telares circulares para tricotar hacen treinta mil en el mismo tiempo. Cada minuto de máquina equivale entonces a cien horas de trabajo de la obrera, o, puesto de otra manera, cada minuto de trabajo de la máquina da a la obrera diez días de descanso. Esto, que es clarísimo para la industria del tejido, es más o menos cierto para todas las industrias renovadas por la mecánica moderna. Pero, ¿qué es lo que vemos en la realidad? A medida que la máquina se perfecciona y quita el trabajo al hombre con una rapidez y una precisión constantemente crecientes, el obrero, en vez de prolongar su descanso en la misma proporción, redobla su actividad, como si quisiera rivalizar con la máquina. ¡Qué competencia absurda y mortal!

Para que la competencia del hombre y de la máquina se acelerara, los proletarios abolieron las sabias leyes que limitaban el trabajo de los artesanos de las antiguas corporaciones, y simplemente suprimieron los días festivos.[15] Así pues, como explican los economistas embusteros, ¿es de creerse que los productores de entonces trabajaban solamente cinco días sobre siete, y que no vivían más que del aire y del agua fresca?... ¡Qué va! Tenían tiempo para disfrutar de las alegrías de la tierra, para hacer el amor y divertirse, para hacer banquetes jubilosamente en honor del alegre dios del ocio. La melancólica Inglaterra, hoy sumida en el protestantismo, se llamaba entonces "la alegre Inglaterra" (*Merry England*). Rabelais, Quevedo, Cervantes y los autores desconocidos de novelas picarescas hacen que se nos haga agua la boca con sus pinturas de esas monumentales *jaranas*[16] con que se regalaban por entonces entre dos batallas y entre dos devastaciones, y en las cuales "se tiraba la casa por la ventana", como Jordaens y la escuela flamenca han plasmado en sus divertidas pinturas. Aquellos sublimes estómagos gargantuescos, ¿en qué se han convertido? Sublimes cerebros que abarcaban todo el pensamiento humano, ¿qué han llegado a ser? Ahora estamos disminuidos y degenerados. La carne en mal estado, la papa, el vino adulterado y el aguardiente prusiano sabiamente combinados con el trabajo forzado debilitaron nuestros cuerpos y redujeron nuestros espíritus. Y es precisamente cuando el hombre ha achicado su estómago y la máquina ha agrandado su productividad, cuando los economistas nos predican la teoría malthusiana, la religión de la abstinencia y el dogma del trabajo. Habría que arrancarles la lengua y echársela a los perros.

Puesto que la clase obrera, con su buena fe simplista, se dejó adoctrinar; puesto que, con su impetuosidad natural se precipitó ciegamente en el trabajo y la abstinencia, la clase capitalista se vio condenada a la pereza y al disfrute forzados, a la improductividad y al sobreconsumo. Pero si la excesiva carga de trabajo del obrero martiriza su carne y atormenta sus nervios, también es fecundo en dolores para la burguesía.

La abstinencia a la que se condena la clase productiva obliga a los burgueses a dedicarse al sobreconsumo de los productos que ella misma fabrica de manera poco racional. Al comienzo de la producción capitalista, hace uno o dos siglos, el burgués era un hombre ordenado, de costumbres razonables y apacibles; se contentaba casi exclusivamente con su mujer; solo bebía cuando tenía sed y comía cuando tenía hambre. Dejaba a los cortesanos y a las cortesanas las nobles virtudes de la vida libertina. Hoy en día, no hay hijo de cualquier advenedizo que no se crea obligado a practicar la promiscuidad y a mercurializar su cuerpo para dar un objetivo que se imponen los obreros de las minas de mercurio; no es un burgués que se precie el que no se atraque con carnes trufadas bañadas con exquisitos vinos para alentar a los ganaderos de La Flèche y a los viñadores de Burdeos. En este trabajo el organismo se arruina rápidamente: se cae el pelo, los dientes se descarnan, el tronco se deforma, el vientre se hincha, la respiración se altera, los movimientos se hacen más pesados, las articulaciones se anquilosan, las falanges se traban. Otros, demasiado débiles para soportar las fatigas de la vida libertina, pero dotados de la joroba del proudhonismo, consumen sus sesos como los Garnier de la economía política y los Acollas de la filosofía jurídica, elucubrando gruesos libros soporíferos para ocupar el tiempo libre de tipógrafos e impresores.

Las mujeres de mundo viven una vida de martirio. Para probar y hacer valer las telas maravillosas que las costureras se matan para fabricar, ellas se pasan el día y la noche cambiándose constantemente de vestido; durante horas entregan su cabeza hueca a los artistas peluqueros que, a toda costa, quieren satisfacer su pasión de crear postizos. Oprimidas por sus corsés, incómodas en sus zapatos, con escotes que hacen enrojecer hasta a un granadero, giran durante noches enteras en sus bailes de caridad a fin de recolectar algunas monedas de cobre para los pobres… ¡Santas almas!

Para cumplir su doble función social de no productor y de sobreconsumidor, el burgués debió no solamente violentar sus gustos modestos, perder sus hábitos laboriosos de hace dos siglos y entregarse al lujo desenfrenado, a las indigestiones trufadas y a libertinajes sifilíticos, sino también a sustraer al trabajo productivo una masa enorme de hombres a fin de procurarse un ejército de sirvientes.

He aquí algunas cifras que prueban cuán colosal es este desperdicio de fuerzas productivas:

Según el censo de 1861, la población de Inglaterra y del País de Gales comprendía 20 066 224 personas, de las cuales 9 776 259 eran del sexo masculino y 10 289 965 del femenino. Si descontamos a los que son demasiado viejos o demasiado jóvenes para trabajar, a las mujeres, a los adolescentes y a los niños improductivos, más las profesiones no productivas, como las del gobierno, la policía, el clero, la magistratura, el ejército, los eruditos, artistas, etc., luego a las personas exclusivamente dedicadas a comer del trabajo de otros, bajo la forma de renta de la tierra, de intereses, de dividendos, etc., y finalmente a los pobres, los vagabundos, los criminales, etc., nos quedan aproximadamente ocho millones de individuos, entre los cuales se cuentan:

Trabajadores agrícolas (incluyendo a pastores, criados y criadas que habitan el establecimiento agrícola), 1 098 261.

Obreros de las fábricas de algodón, de lana, de *worsted*, de lino, de cáñamo, de seda, de encajes y otros, 642 607.

Obreros de las minas de carbón y de metal, 565 835.

Obreros empleados en las fábricas metalúrgicas (altos hornos, laminados, etc.) y en las manufacturas de metal de todo tipo, 396 998.

Clase doméstica, 1 208 648.

Si sumamos a los trabajadores de las fábricas textiles y a los de las minas de carbón y de metales obtenemos la cifra de 1 208 442; si añadimos a los primeros y al personal de todas las fábricas y de todas las manufacturas metalúrgicas, tenemos un total de 1 039 605; es decir, en ambos casos un número más pequeño que el de los esclavos domésticos modernos. He aquí el magnífico resultado de la explotación capitalista de las máquinas.[17]

A toda esta clase doméstica, cuya extensión indica el grado alcanzado por la civilización capitalista, debe agregarse la numerosa clase de los infelices dedicados exclusivamente a la satisfacción de los gustos dispendiosos y fútiles de las clases ricas: talladores de diamantes, encajeras, bordadoras, encuadernadores de lujo, costureras de lujo, decoradores de mansiones de placer, etcétera.[18]

Una vez acurrucada en la pereza absoluta y desmoralizada por el goce forzado, la burguesía, a pesar del mal que le acarreó, se adaptó a su nuevo estilo de vida. Considera con horror todo cambio. La visión de las miserables condiciones de existencia aceptadas con resignación por la clase obrera y de la degradación orgánica engendrada por la pasión depravada por el trabajo aumentaban también su repulsión por toda imposición de trabajo y por toda restricción del goce.

Y fue precisamente entonces cuando, sin tener en cuenta la desmoralización que la burguesía se había impuesto como un deber social, a los proletarios se les metió en la cabeza infligir el trabajo a los capitalistas. Los ingenuos tomaron en serio las teorías de los economistas y de los moralistas sobre el trabajo y se empeñaron en imponer su práctica a los capitalistas. El proletariado enarboló la consigna "el que no trabaja, no come"; Lyon, en 1831, se rebeló por "armas o trabajo"; las guardias nacionales de marzo de 1871 declararon a su levantamiento la *Revolución del trabajo*.

A este arrebato de furor bárbaro, destructor de todo goce y de toda pereza burgueses, los capitalistas no podían responder más que con la represión feroz; pero sabían que, si habían podido reprimir esas explosiones revolucionarias, no habían ahogado en la sangre de sus masacres gigantescas la absurda idea del proletariado de querer imponer el trabajo a las clases ociosas y mantenidas, y precisamente para evitar esta desgracia se rodean de proletarios, policías, magistrados y carceleros mantenidos en una improductividad laboriosa. Ya no se puede conservar la ilusión sobre el carácter de los ejércitos modernos. Son mantenidos de forma permanente solo para reprimir al "enemigo interno"; es así que los fuertes de París y de Lyon no fueron construidos para defender la ciudad contra la agresión extranjera, sino para aplastar una revuelta. Y si fuera necesario un ejemplo irrefutable de que esto es así, podemos mencionar al ejército de Bélgica, ese paraíso del capitalismo; su neutralidad está garantizada por las potencias europeas, y sin embargo su ejército es uno de los más fuertes en proporción a la población. Los gloriosos campos de batalla del valiente ejército belga son las planicies de Borinage y de Charleroi; es en la sangre de los mineros y de los obreros desarmados donde los oficiales belgas templan sus espadas y aumentan sus charreteras. Las naciones europeas no tienen ejércitos nacionales, sino ejércitos mercenarios, que protegen a los capitalistas contra la furia popular que quisiera condenarlos a diez horas de trabajo en las minas o en los talleres de hilado.

Entonces, al ajustarse el cinturón, la clase obrera solo pudo observar cómo crecía en exceso el vientre de la burguesía condenada al sobreconsumo.

Para ser aliviada de su penoso trabajo, la burguesía retiró de la clase obrera una masa de hombres muy superior a la que permanece dedicada a la producción útil, y a su vez la condenó a la improductividad y al sobreconsumo. Pero este rebaño de bocas inútiles, a pesar de su voracidad insaciable, no basta para consumir todas las mercancías que los obreros, embrutecidos por el dogma del trabajo, producen como maníacos. Sin quererlas consumir y sin siquiera pensar si se encontrará gente para consumirlas.

Ante esta doble alienación de los trabajadores —matarse de sobretrabajo y vegetar en la abstinencia—, el gran problema de la producción capitalista ya no es encontrar productores y duplicar sus fuerzas, sino descubrir consumidores, excitar sus apetitos y crearles necesidades artificiales. Puesto que los obreros europeos, tiritando de frío y de hambre, se niegan a vestir los tejidos que producen y a beber los vinos que elaboran, los pobres fabricantes, rápidos como galgos, de-

ben correr a las antípodas para buscar a quien
los vestirá y beberá: son las centenas y miles de
millones que Europa exporta todos los años, a
los cuatro rincones del mundo, a pueblos que
no las necesitan.[19] Pero los continentes explora-
dos no son lo suficientemente vastos; se necesitan regiones vírgenes. Los fabricantes de Europa
sueñan noche y día con África, con el lago sa-
hariano, con el ferrocarril de Sudán; siguen con
ansiedad los progresos de los Livingstone, de los
Stanley, de los Du Chaillu, de los Brazza; escu-
chan las historias maravillosas de esos valientes
viajeros con la boca abierta. ¡Cuántas maravillas
desconocidas encierra el "continente negro"! Los
campos están sembrados de dientes de elefante;
ríos de aceite de coco arrastran pepitas de oro;
millones de culos negros, desnudos como la cara
de Dufaure o de Girardin, esperan las telas de
algodón para aprender las leyes de la decencia, el
gusto del aguardiente y las biblias para conocer
bien las virtudes de la civilización.

Pero todo es insuficiente: burgueses que comen en exceso, clase doméstica que supera a la
clase productiva, naciones extranjeras y bárbaras
que se sacian de mercancías europeas; nada, nada
puede llegar a absorber las montañas de produc-

tos que se acumulan más altas y más enormes que las pirámides de Egipto: la productividad de los obreros europeos desafía todo consumo, todo despilfarro. Los fabricantes, enloquecidos, no saben ya qué hacer, ya no pueden encontrar la materia prima para satisfacer la pasión desordenada, depravada, de sus obreros para el trabajo. En nuestros departamentos laneros, se destejen los harapos sucios y a medio podrir para hacerlos paños llamados "de renacimiento", que duran lo mismo que las promesas electorales; en Lyon, en vez de dejar a la fibra suave su sencillez y su flexibilidad natural, se las sobrecarga de sales minerales que, al agregarle peso, la vuelven desmesuradamente duradera. Todos nuestros productos son adulterados para facilitar el flujo y reducir las existencias. Nuestra época será llamada la "Edad de la Falsificación", como las primeras épocas de la humanidad recibieron los nombres de Edad de Piedra, Edad de Bronce, etc., a partir del carácter de su producción. Los ignorantes acusan de fraude a nuestros piadosos industriales, mientras que en realidad el pensamiento que los anima es proporcionar trabajo a los obreros, que no pueden resignarse a vivir de brazos cruzados. Si bien estas falsificaciones —cuyo único móvil es un sentimiento humanitario, aunque brindan enormes beneficios a los fabricantes que las practican— son desastrosas para la calidad de las mercancías y constituyen una fuente inagotable de despilfarro de trabajo humano, prueban el filantrópico ingenio de los burgueses y la horrible perversión de los obreros que, para saciar su vicio de trabajo, obligan a los industriales a ahogar los gritos de su conciencia e incluso a violar las leyes de la honestidad comercial.

Y sin embargo, a pesar de la sobreproducción de mercancías, a pesar de las falsificaciones industriales, los obreros invaden el mercado en grandes oleadas, implorando: ¡trabajo!, ¡trabajo! Su superabundancia debería obligarlos a refrenar su pasión; pero en vez de eso la lleva al grado de paroxismo. En cuanto se presenta una oportunidad de trabajo, se arrojan sobre ella; entonces reclaman doce, catorce horas de ardua labor para lograr su saciedad, y la mañana los encontrará nuevamente arrojados a la calle, sin trabajo, sin nada para alimentar su vicio. Todos los años, en todas las industrias, la desocupación vuelve con la regularidad de las estaciones. Al sobretrabajo mortal para el organismo le sucede el reposo absoluto durante un periodo de dos a cuatro meses; y sin trabajo, no hay comida. Puesto que el vicio del trabajo está diabólicamente arraigado en el corazón de los obreros; puesto que sus exigencias ahogan todos los demás instintos de la naturaleza; puesto que la cantidad de trabajo requerida por la sociedad está forzosamente limitada por el consumo y la abundancia de la materia prima, ¿por qué devorar en seis meses el trabajo de todo un año? ¿Por qué no distribuirlo uniformemente en los doce meses y obligar a todos los obreros a contentarse con seis o cinco horas al día durante todo el año, en vez de indigestarse con doce horas por día durante seis meses? Seguros de su parte cotidiana de trabajo, los obreros dejarían de envidiarse y luchar entre ellos, no se golpearían más para arrancarse el trabajo de las manos y el pan de la boca; entonces, no agotados su cuerpo y su espíritu, comenzarían a practicar las virtudes de la pereza.

Embrutecidos por su vicio, los obreros no han podido elevarse a la comprensión del hecho de que, para tener trabajo para todos, es necesario racionarlo como el agua en un barco a la deriva. Sin embargo, los industriales, en nombre de la explotación capitalista, desde hace tiempo demandaron una limitación legal de la jornada de trabajo. Ante la Comisión de 1860 para la enseñanza profesional, uno de los mayores manufactureros de Alsacia, el señor Boucart, de Guebwiller, declaraba que la jornada de trabajo era excesiva y debía ser reducida a once horas, que se debía suspender el trabajo a las dos del sábado: "Aconsejo la adopción de esta medida aunque parezca onerosa a primera vista; la hemos experimentado en nuestros establecimientos industriales desde hace cuatro años y nos encontramos en perfectas condiciones; lejos de haber disminuido, la producción media ha aumentado".

En su estudio sobre las máquinas, F. Passy cita la siguiente carta de un gran industrial belga, el señor Ottevaere:

Nuestras máquinas, aunque iguales a las de las hilanderías inglesas, no producen lo que deberían producir y lo que producirían estas mismas máquinas en Inglaterra, aunque las hilanderías trabajan dos horas menos por día. Nosotros trabajamos dos largas horas de más; tengo la convicción de que si no se trabajara más que once horas en vez de trece, tendríamos la misma producción y mejores rendimientos económicos.

Por otro lado, el señor Leroy-Beaulieu afirma que "un gran manufacturero belga observa que las semanas en las que cae un día festivo no aportan una producción inferior a la de semanas comunes".[20]

A lo que el pueblo, engañado en su simpleza por los moralistas, no se atrevió jamás, un gobierno aristocrático se atreve. Despreciando las altas consideraciones morales e industriales de los economistas, que, como los pájaros de mal agüero, creían que disminuir en una hora el trabajo en las fábricas era decretar la ruina de la industria inglesa, el gobierno de Inglaterra prohibió por medio de una ley, estrictamente observada, trabajar más de diez horas por día; y como antes, Inglaterra siguió siendo la primera nación industrial del mundo.

Ahí está la gran experiencia de algunos capitalistas inteligentes, que demuestran de manera irrefutable que, para potenciar la productividad humana, es necesario reducir las horas de trabajo y multiplicar los días de pago y los festivos. Sin embargo, el pueblo francés no está convencido, no se ha puesto a pensar si una miserable reducción de dos horas aumentó en diez años cerca de un tercio la producción inglesa,[21] ¿qué marcha vertiginosa imprimiría a la producción francesa una reducción legal de la jornada de trabajo de tres horas? Los obreros no pueden comprender que al fatigarse trabajando, agotan sus fuerzas y las de sus hijos, que, consumidos, llegan antes de tiempo a ser incapaces de todo trabajo; que absorbidos, embrutecidos por un solo vicio, ya no son hombres, sino pedazos de hombres, que matan en ellos todas las facultades para no dejar en pie, lujuriosa, más que la locura furibunda del trabajo.

Como los loros de la Arcadia, repiten incesantemente la lección de los economistas: "Trabajemos, trabajemos para incrementar la riqueza nacional". ¡Idiotas! Es porque ustedes trabajan demasiado por lo que la maquinaria industrial se desarrolla lentamente. Dejen de rebuznar y escuchen a un economista; no es un águila, no es más que el señor L. Reybaud, a quien hemos tenido la suerte de perder hace unos meses; él dice:

La revolución en los métodos de trabajo se determina, en general, a partir de las condiciones de la mano de obra. En tanto que la mano de obra brinde sus servicios a bajo precio, se la prodiga; en caso contrario, se vuelve parca.[22]

Para obligar a los capitalistas a perfeccionar sus máquinas de madera y de hierro, es necesario elevar los salarios y disminuir las horas de trabajo de las máquinas de carne y hueso. ¿Las pruebas se apoyan en esto? Se las puede proporcionar por centenares. En la hilandería, el telar intermitente (*self acting mule*) fue inventado y aplicado en Manchester porque los hilanderos rehusaron seguir trabajando tanto tiempo como hasta entonces.

En los Estados Unidos, la máquina se extiende a todas las ramas de la producción agrícola, desde la fabricación de manteca hasta la trilla de trigo; ¿por qué? Porque el estadunidense, libre y perezoso, preferiría morir mil veces antes que vivir la vida bovina del campesino francés. La actividad agrícola, tan penosa en nuestra gloriosa Francia, tan rica en cansancio, en el oeste americano es un agradable pasatiempo al aire libre que se hace sentado, fumando despreocupadamente la pipa.

4. A nuevas apariencias, nueva realidad

Si al disminuir las horas de trabajo se conquistan para la producción social nuevas fuerzas mecánicas, al obligar a los obreros a consumir sus productos, se conquistará un inmenso ejército de fuerza de trabajo. La burguesía, aliviada entonces de la tarea de ser consumidora universal, se apresurará a licenciar la legión de soldados, magistrados, intrigantes, proxenetas, etc., que ha retirado del trabajo útil para ayudar a consumir y despilfarrar. A partir de entonces el mercado de trabajo estará desbordante; entonces será necesaria una ley férrea para prohibir el trabajo: será imposible encontrar ocupación para esta multitud de ex improductivos, más numerosos que los piojos. Y luego de ellos, habrá que pensar en todos los que proveían a sus necesidades y gustos fútiles y dispendiosos. Cuando no haya más lacayos generales que galardonar, más prostitutas libres o casadas que cubrir de encajes, cañones que perforar, ni más palacios que edificar, habrá que imponer a los obreros y obreras de pasamanería, de encajes, del hierro, de la construcción, por medio de leyes severas, el paseo higiénico en bote y ejercicios coreográficos para el restablecimiento de la salud y el perfeccionamiento de la raza. Desde el momento en que los productos europeos sean consumidos en el lugar de producción y, por tanto, no sea necesario transportarlos a ninguna parte, será necesario que los marineros, los mozos de cordel y los cocheros se sienten y aprendan a girar los pulgares. Los felices polinesios podrán entonces entregarse al amor libre sin temer los puntapiés de la Venus civilizada y los sermones de la moral europea.

Hay más aún. A fin de encontrar trabajo para todos los improductivos de la sociedad actual, a fin de dejar la maquinaria industrial desarrollarse indefinidamente, la clase obrera deberá, como la burguesía, violentar sus gustos ascéticos y desarrollar indefinidamente sus capacidades de consumo. En vez de comer por día una o dos onzas de carne dura como el cuero —cuando las come—, comerá sabrosas chuletas de una o dos libras; en vez de beber moderadamente un vino malo, más católico que el papa, beberá con fruición los vinos burdeos y borgoña en grandes y profundas copas sin bautismo industrial y dejará el agua a los animales.

Los proletarios han resuelto imponer a los capitalistas diez horas de forja y de refinería; allí está la gran falla, la causa de los antagonismos sociales y de las guerras civiles. Es necesario prohibir el trabajo, no imponerlo. A los Rothschild, a los Say, se les permitirá probar haber sido, durante su vida, perfectos holgazanes; y si juran continuar viviendo como perfectos holgazanes, a pesar del entusiasmo general por el trabajo, se los anotará y, en sus ayuntamientos respectivos, recibirán todas las mañanas veinte francos para sus pequeños placeres. Los conflictos sociales desaparecerán. Los rentistas, los capitalistas, etc., se unirán al partido popular una vez convencidos de que, lejos de querer hacerles daño, por el contrario se quiere desembarazarlos del trabajo de sobreconsumo y de despilfarro por el que han estado oprimidos desde su nacimiento. En cuanto a los burgueses incapaces de probar sus títulos de holgazanes, se les dejará seguir sus instintos: existen bastantes oficios desagradables para ubicarlos: Dufaure limpiará las letrinas públicas;

Galliffet matará a puñaladas a los cerdos sarno-
sos y a los caballos hinchados; los miembros de
la comisión de indultos, enviados a Poissy, mar-
carán los bueyes y carneros a ser sacrificados; los
senadores serán empleados de pompas fúnebres
y enterradores. Para otros encontraremos oficios
al alcance de su inteligencia. Lorgeril y Broglie
taparán las botellas de champaña, pero se les ce-
rrará la boca para evitar que se emborrachen;
Ferry, Freycinet y Tirard destruirán las chinches
y los gusanos de los ministerios y de otros edifi-
cios públicos. Sin embargo, será necesario poner
los dineros públicos fuera del alcance de los burgueses, por miedo a sus hábitos adquiridos.

Pero se lanzará una dura y prolongada ven-
ganza a los moralistas que han pervertido la
naturaleza humana, a los santurrones, a los so-
plones, a los hipócritas "y otras sectas semejantes de gente que se ha disfrazado para engañar
al mundo. Porque dando a entender al pueblo
común que se ocupan solo de la contemplación
y de la devoción, de ayunos y de la represión de
la sensualidad, y que comen solo para sustentar
y alimentar la pequeña fragilidad de su humanidad, estos individuos ¡quién sabe qué vida llevan!
Et curios simulant sed Bacchanalia vivunt.[23] Se lo

puede leer en letra grande e iluminada de sus rojas protuberancias y asquerosos vientres, a no ser que se perfumen con azufre".[24]

En los días de grandes fiestas populares, donde, en vez de tragar el polvo, como el 15 de agosto y el 14 de julio burgueses, los comunistas y colectivistas harán correr las botellas, trotar los jamones y volar los vasos; los miembros de la Academia de Ciencias Morales y Políticas, los curas con traje largo o corto de la iglesia económica, católica, protestante, judía, positivista y librepensadora, los propagadores del maltusianismo y de la moral cristiana, altruista, independiente o sumisa, vestidos de amarillo, sostendrán la vela hasta quemarse los dedos y vivirán hambrientos junto a mujeres galas y mesas llenas de carnes, frutas y flores, y morirán de sed junto a toneles desbordantes. Cuatro veces al año, en el cambio de estación, como los perros de los afiladores de cuchillos, se les encadenará a grandes ruedas y durante horas se les condenará a moler el viento. Los abogados y los legistas sufrirán la misma pena.

En el régimen de pereza, para matar el tiempo que nos mata segundo a segundo, habrá espec -

táculos y representaciones teatrales todo el tiempo; será el trabajo adecuado para nuestros legisladores burgueses. Se los organizará en grupos recorriendo ferias y aldeas, dando representaciones legislativas. Los generales, con sus botas de montar, el pecho adornado con cordones, medallas y la cruz de la Legión de Honor, irán por las calles y las plazas, reclutando espectadores entre la buena gente. Gambetta y Cassagnac, su compadre, harán el anuncio del espectáculo en la puerta. Cassagnac, con su vistoso traje de matamoros, revolviendo los ojos, retorciéndose el mostacho y escupiendo estopa encendida, amenazará a todo el mundo con la pistola de su padre y se precipitará en un agujero cuando se le muestre el retrato de Lullier; Gambetta discurrirá sobre la política extranjera, sobre la pequeña Grecia, que lo adoctrina y que encendería a Europa para estafar a Turquía; sobre la gran Rusia que lo tiene harto con la compota que promete hacer con Prusia y que anhela conflictos en el oeste de Europa para hacer su negocio en el este y ahogar su nihilismo en el interior; sobre el señor Bismarck, que ha sido lo bastante bueno como para permitirle pronunciarse sobre la amnistía…, luego, desnudando su gran panza pintada a tres colores, golpeará sobre ella el llamado de atención y enumerará los deliciosos animalitos, los pajaritos, las trufas, los vasos de Margaux y de Yquem que ha engullido para fomentar la agricultura y tener contentos a los electores de Belleville.

En la barraca, se comenzará con la *Farsa electoral*. Ante los electores, con cabezas de madera y orejas de burro, los candidatos burgueses, vestidos con traje de payaso, bailarán la danza de las libertades políticas, limpiándose la cara y el trasero con sus programas electorales que contienen múltiples promesas, y hablando con lágrimas en los ojos de las miserias del pueblo y con voz estentórea de las glorias de Francia; y las cabezas de los electores rebuznarán a coro y firmemente: ¡hi ho!, ¡hi ho!

Luego comenzará la gran obra: *El robo de los bienes de la nación.*

La Francia capitalista, enorme hembra, con vello en la cara y pelada en la cabeza, deformada, con las carnes flácidas, hinchadas, débiles y pálidas, con los ojos apagados, adormilada y bostezando, está tendida sobre un canapé de terciopelo; a sus pies, el capitalismo industrial, gigantesco organismo de hierro, con una máscara simiesca, devora mecánicamente hombres, mujeres y niños, cuyos gritos lúgubres y desgarradores llenan el aire; la banca, con hocico de comadreja, cuerpo de hiena y manos de arpía, le roba rápidamente las monedas de cobre del bolsillo. Hordas de miserables proletarios flacos, en harapos, escoltados por gendarmes con el sable desenvainado, perseguidos por las furias que los azotan con los látigos del hambre, llevan a los pies de la Francia capitalista montones de mercancías, toneles de vino, bolsas de oro y de trigo. Langlois, con sus calzones en una mano, el testamento de Proudhon en la otra y el libro del presupuesto entre los dientes, se pone a la cabeza de los defensores de los bienes de la nación y monta guardia. Una vez descargados los fardos, hacen echar a los obreros a golpes de bayoneta y culatazos y abren la puerta a los industriales, a los comerciantes y a los banqueros. Se precipitan sobre la pila en forma desordenada y devoran las telas de algodón, las bolsas de trigo, los lingotes de oro y vacían los toneles; cuando ya no pueden más, sucios, repugnantes, se hunden en sus inmundicias y sus vómitos… Entonces retumba el trueno, la tierra se mueve y se entreabre, y surge la Fatalidad histórica; con su pie de hierro aplasta las cabezas de los que titubean, se caen y no pueden huir, y con su larga mano derriba a la Francia capitalista, estupefacta y aterrorizada.

Si la clase obrera, tras arrancar de su corazón el vicio que la domina y que envilece su naturaleza, se levantara con toda su fuerza, no para reclamar los Derechos del hombre (que no son más que los derechos de la explotación capitalista), no para reclamar el Derecho al trabajo (que no es más que el derecho a la miseria), sino para forjar una ley de bronce que prohibiera a todos los hombres trabajar más de tres horas por día, la Tierra, la vieja Tierra, estremecida de alegría, sentiría brincar en ella un nuevo universo… Pero, ¿cómo pedir a un proletariado comprometido por la moral capitalista que tome una resolución viril?

Como Cristo, doliente personificación de la esclavitud antigua, los hombres, las mujeres y los niños del proletariado suben penosamente desde hace un siglo por el duro calvario del dolor; desde hace un siglo el trabajo forzado destroza sus huesos, mortifica sus carnes, atormenta sus músculos; desde hace un siglo el hambre retuerce sus entrañas y alucina sus cerebros… ¡Oh, Pereza, apiádate de nuestra larga miseria! ¡Oh, Pereza, madre de las artes y de las nobles virtudes, sé el bálsamo de las angustias humanas!

Apéndice

Nuestros moralistas son gente muy modesta; si bien inventaron el dogma del trabajo, también lo es que dudan de su eficacia para tranquilizar el alma, regocijar el espíritu y mantener el buen funcionamiento de los riñones y otros órganos; quieren experimentar su uso sobre el pueblo, *in anima vili*, antes de volverlo contra los capitalistas, cuyos vicios tienen la misión de excusar y autorizar.

Pero, filósofos de unos cuantos centavos por docena, ¿por qué se exprimen tanto el cerebro para elucubrar una moral cuya práctica no se atreven a aconsejar a sus amos? ¿Acaso quieren que se burlen del dogma del trabajo, del que tanto se ufanan? ¿Quieren verlo escarnecido? Veamos la historia de los pueblos antiguos y los escritos de sus filósofos y de sus legisladores.

"Yo no podría afirmar —dice el padre de la Historia, Herodoto— si los griegos han tomado de los egipcios el desprecio hacia el trabajo, porque encuentro el mismo desprecio establecido entre los tracios, los escitas, los persas, los lidios… en una palabra, entre la mayoría de los pueblos bárbaros, porque aquellos que aprenden las artes mecánicas, e incluso los niños, son vistos como los últimos de los ciudadanos… Todos los griegos han sido educados en estos principios, particularmente los lacedemonios".[25]

"En Atenas, los ciudadanos eran verdaderos nobles que no debían ocuparse más que de la defensa y de la administración de la comunidad, como los guerreros salvajes de los cuales provenía su origen. Como entonces debían disponer de todo su tiempo para velar, debido a su fuerza intelectual y corporal, por los intereses de la república, cargaban a los esclavos con todo el trabajo. También entre los lacedemonios, las mismas mujeres estaban dispensadas de hilar y tejer, para no rebajar su nobleza".[26]

Los romanos conocían solo dos oficios nobles y libres: la agricultura y las armas; todos los ciudadanos vivían por derecho a expensas del

Tesoro, sin poder ser obligados a proveer su subsistencia por ninguna de las *sordidae artes* (así llamaban a los oficios), que correspondían por ley a los esclavos. Bruto, el antiguo, para sublevar al pueblo, acusó sobre todo a Tarquino, el tirano, de haber convertido a ciudadanos libres en artesanos y albañiles.[27]

Los filósofos antiguos discutían sobre el origen de las ideas, pero se ponían de acuerdo si se trataba de aborrecer el trabajo.

"La naturaleza —dice Platón en su utopía social, en su república modelo— no ha hecho ni zapateros ni herreros; ocupaciones semejantes degradan a quienes las ejercen, viles mercenarios, miserables sin nombre que son excluidos por su estado mismo de los derechos políticos. En cuanto a los comerciantes acostumbrados a mentir y engañar, solo se los soportará en la ciudad como un mal necesario. El ciudadano que se envilezca por el comercio será perseguido por ese delito. Si es convicto será condenado a un año de prisión. El castigo será doble cada vez que reincida".[28]

En su *Económico*, Jenofonte escribe: "Las personas que se entregan a los trabajos manuales no son jamás elevadas en sus cargos, y con mucha razón. La mayoría, condenados a estar sentados todo el día, algunos incluso a soportar el calor de un fuego continuo, no pueden dejar de tener el cuerpo alterado y es muy difícil que el espíritu no se resienta".

"¿Qué puede salir de honorable de una tienda? —dice Cicerón—, ¿y qué puede producir de honesto el comercio? Todo lo que tenga que ver con el comercio es indigno de un hombre honesto. Los comerciantes no pueden tener ganancias sin mentir, ¿y qué es más vergonzoso que la mentira? Entonces, debe considerarse como bajo y vil el oficio de todos los que venden su trabajo y su industria, porque el que da su trabajo por dinero se vende a sí mismo y se coloca en la categoría de los esclavos".[29]

Proletarios, embrutecidos por el dogma del trabajo, escuchen las palabras de estos filósofos, que se las ocultan con tanto celo: un ciudadano que entrega su trabajo con tanto celo se degrada a la categoría de los esclavos, comete un crimen que se merece años de prisión.

La hipocresía cristiana y el utilitarismo capitalista no habían pervertido a estos filósofos de las repúblicas antiguas; hablando para hombres libres, expresaban ingenuamente su pensamiento. Platón, Aristóteles, estos grandes pensadores —a los cuales nuestro Cousin, Caro, o Simon no les llegan ni a la suela del zapato poniéndose de puntillas—, querían que los ciudadanos de sus repúblicas ideales vivieran en el más grande ocio; porque, agregaba Jenofonte, "el trabajo ocupa todo el tiempo y con él no hay ningún tiempo libre para la república y los amigos". Según Plutarco, el gran mérito de Licurgo, "el más sabio de los hombres", para admiración de la posteridad, fue haber brindado ocio a los ciudadanos de la república prohibiéndoles todo oficio.[30]

Pero, responderán los Bastiat, Dupanloup, Beaulieu y demás defensores de la moral cristiana y capitalista, que estos pensadores, estos filósofos basaban su criterio en la esclavitud. Perfecto, pero ¿podría ser de otro modo dadas las condiciones económicas y políticas de su época? La guerra era el estado normal de las sociedades antiguas; el hombre libre debía consagrar su tiempo a discutir los asuntos del Estado y a velar por su defensa; los oficios eran entonces demasiado primitivos y demasiado toscos para que, practicándolos, se pudiera ejercer a la vez el oficio de soldado y de ciudadano; para tener guerreros y ciudadanos, los filósofos y legisladores debían tolerar a los esclavos en las repúblicas heroicas. Pero los moralistas y los economistas del capitalismo, ¿acaso no fundamentan sus ideas en el trabajo asalariado, en la esclavitud moderna? ¿Y a qué hombres la esclavitud capitalista proporciona ocio? A los Rothschild, a los Schneider, a la señora Boucicaut, a esos seres inútiles y perjudiciales, esclavos de sus vicios y de sus criados.

"El prejuicio de la esclavitud dominaba el espíritu de Pitágoras y de Aristóteles", ha escrito alguno desdeñosamente; y sin embargo Aristóteles preveía que:

Si cada herramienta pudiera ejecutar por sí misma su función propia, como las obras maestras de Dédalo se movían por sí mismas, o como los trípodes de Vulcano se ocupaban espontáneamente de su trabajo sagrado; si, por ejemplo, las lanzaderas de los tejedores tejieran por sí mismas, el jefe del taller ya no tendría necesidad de ayudantes, ni el amo de esclavos.

El sueño de Aristóteles es nuestra realidad. Nuestras máquinas con aliento de fuego, con miembros de acero, infatigables, de maravillosa e inagotable fecundidad, desempeñan dócilmente ellas mismas su trabajo sagrado; y sin embargo el genio de los grandes filósofos del capitalismo permanece dominado por el prejuicio del trabajo asalariado, la peor de las esclavitudes. Todavía no comprenden que la máquina es redentora de la humanidad, la diosa que liberará al hombre de la *sordidae artes* y del trabajo asalariado, la diosa que le dará el ocio y la libertad.

Notas

1 Cito aquí al señor Thiers, no por su mérito científico, y cuya nulidad es solo comparable con su bajeza, sino porque esta pulga ha vivido en la cornisa de todos los gobiernos, y es la personificación ideal de la burguesía moderna.

2 Descartes, *Las pasiones del alma*.

3 Dr. Beddoe, *Memoirs of the Anthropological Society*.

4 C. Darwin. *Descent of man*.

5 Los exploradores europeos se detienen sorprendidos ante la belleza física y el aspecto orgulloso de los hombres de los pueblos primitivos, no manchados por lo que Poeppig llama, el "hálito envenenado de la civilización". Refiriéndose a los aborígenes de las islas de Oceanía, lord George Campbell escribe: "No hay

pueblo en el mundo que sorprenda más a primera vista. La piel lisa de un tono ligeramen-
te cobrizo, los cabellos dorados y ondulados,
su bella y alegre figura, en una palabra, toda su
persona, formaban un nuevo y espléndido
ejemplar del *genus homo*; su apariencia física
daba la impresión de tratarse de una raza superior a la nuestra". Los civilizados de la antigua
Roma, los César, los Tácito, contemplaban
con la misma admiración a los germanos de
las tribus comunistas que invadían el Imperio
romano. Al igual que Tácito, Salviano, el sacerdote del siglo V, a quien llamaban "maestro
de los obispos", ponía como ejemplo a los bárbaros ante los civilizados y los cristianos:

"Somos impúdicos entre los bárbaros, que
son más castos que nosotros. Más aún, los
bárbaros se sienten ofendidos por nuestras im-
pudicias; los godos no sufren el hecho de que
haya entre ellos libertinos de su nación, solo
los romanos, por el triste privilegio de su nacionalidad y de su nombre, tienen el derecho
de ser impuros. (La pederastia estaba de moda
entre los paganos y los cristianos). Los oprimidos se van con los bárbaros en busca de humanidad y protección". (*De gubernatione Dei*).

La vieja civilización y el cristianismo naciente corrompieron a los bárbaros del viejo mundo, como el viejo cristianismo y la civilización capitalista corrompen a los salvajes del nuevo mundo.

El señor F. Le Play, cuyo talento para la observación debe reconocerse, así como deben rechazarse sus confusiones sociológicas, contaminadas de proudhonismo filantrópico y cristiano, dice en su libro *Los obreros europeos* (1885):

"La propensión de los bachkirs a la pereza (los bachkirs son pastores seminómadas de la ladera asiática de los Urales), los ocios de la vida nómada, los hábitos de meditación que hacen nacer en los individuos mejor dotados, otorgan a menudo a estos una distinción de maneras, una agudeza de inteligencia que raramente se observan en el mismo nivel social en una civilización más desarrollada (...) Lo que más les repugna son los trabajos agrícolas; hacen cualquier cosa antes que aceptar el oficio de agricultor".

La agricultura es, en efecto, la primera manifestación del trabajo servil que conoció la humanidad. Según la tradición bíblica, el primer criminal, Caín, era un agricultor.

6   Hay un proverbio español que dice: "Descansar es salud".

7   "Oh Melibea, un dios nos dio esta ociosidad". Virgilio, *Bucólicas* (ver Apéndice).

8   Evangelio según San Mateo, capítulo VI.

9   En el Congreso de Beneficencia, celebrado en Bruselas en 1857, uno de los más ricos manufactureros de Marquette, el señor Scrive, decía, con la aprobación de los miembros del Congreso y la satisfacción de un deber cumplido: "Nosotros hemos introducido algunos medios de distracción para los niños. Les enseñamos a cantar durante el trabajo, y a contar igualmente trabajando; esto los distrae y les hace soportar con valor esas *doce horas de trabajo que deben emplear para conseguir sus medios de subsistencia*". ¡Doce horas de trabajo impuesto a niños que aún no tienen doce años! Los materialistas deplorarán siempre que no exista un infierno para esos cristianos, para esos filántropos, para esos verdugos de la infancia.

[10] Discurso pronunciado en la Sociedad Internacional de Estudios Prácticos de Economía social de París, en mayo de 1863, y publicado en *El economista francés* de la misma época.

[11] Villermé, L. R. *Descripción del estado físico y moral de los obreros en las fábricas de algodón, de lana y de seda, 1840.* Si los Dollfus, los Koechlin y otros fabricantes alsacianos trataban así a sus obreros, no era porque fueran republicanos, patriotas, filántropos y protestantes; pues Blanqui, el académico; Reybaud, el prototipo de Jérôme Paturot y Jules Simon, el maestro Juan Político, constataron las mismas amenidades para la clase obrera entre los muy católicos y muy monárquicos fabricantes de Lille y de Lyon. Estas son virtudes capitalistas que se armonizan a las mil maravillas con todas las convicciones políticas y religiosas.

[12] Los indios de las tribus belicosas de Brasil matan a sus enfermos y a sus viejos; testimonian su amistad poniendo fin a una vida que ya no se regocija con los combates, las fiestas y los bailes. Todos los pueblos primitivos han dado a los suyos estas pruebas de afecto: los masagetas del mar Caspio (Heródoto), así como

los wens de Alemania y los celtas de la Galia. En las iglesias de Suecia, incluso hasta no hace mucho, se conservaban las mazas llamadas "mazas familiares", que se utilizaban para librar a los padres de las tristezas de la vejez. ¡Cuán degenerados están los proletarios modernos como para aceptar con paciencia las espantosas miserias del trabajo fabril!

13   En el Congreso Industrial celebrado en Berlín el 21 de enero de 1879, se estimaron en 568 millones de francos las pérdidas sufridas por la industria del hierro alemana durante la última crisis.

14   *La Justice*, de Clemenceau, en su sección financiera, decía el 6 de abril de 1880: "Hemos oído sostener la opinión de que, aun sin Prusia, Francia hubiera perdido de todas maneras los millones de millones que perdió en la guerra de 1870, bajo la forma de empréstitos emitidos periódicamente para equilibrar los presupuestos extranjeros; tal es también nuestra opinión. Se estima en cinco mil millones la pérdida de los capitales ingleses en los empréstitos a América del Sur. Los trabajadores franceses no solo han producido los cinco mil

millones pagados a Bismarck, sino que siguen pagando los intereses de la indemnización de guerra a los Ollivier, a los Girardin, a los Bazaine, y a otros portadores de títulos de renta que han causado la guerra y la derrota. Sin embargo, les queda un pequeño consuelo: esos miles de millones no ocasionarán ninguna guerra de recuperación".

[15] Bajo el Antiguo Régimen, las leyes de la Iglesia garantizaban al trabajador 90 días de descanso (52 domingos y 38 días festivos), durante los cuales estaba estrictamente prohibido trabajar. Era el gran crimen del catolicismo, la causa principal de la irreligiosidad de la burguesía industrial y comercial. Bajo la revolución, cuando esta se hizo dominante, abolió los días festivos y reemplazó la semana de siete días por la de diez. Liberó a los obreros del yugo de la Iglesia para someterlos mejor al yugo del trabajo.

El odio a los días festivos no apareció hasta que la moderna burguesía industrial y comercial tomó cuerpo, entre los siglos XV y XVI. Enrique IV pidió su reducción al papa, pero este se rehusó a concederla, porque "...una de las herejías más corrientes hoy en día es la referida a las fiestas" (carta del cardenal d'Ossat). Pero en 1666, Péréfixe, arzobispo de París, suprimió 17 festivos en su diócesis. El protestantismo, que era la religión cristiana adaptada a las nuevas necesidades industriales y comerciales de la burguesía, fue menos celoso del descanso popular; destronó a los santos del cielo para abolir sus fiestas sobre la tierra.

La reforma religiosa y el libre pensamiento filosófico no eran más que los pretextos que permitieron a la burguesía jesuita y rapaz escamotear al pueblo los días de fiesta.

[16] Esas fiestas pantagruélicas duraban semanas. Don Rodrigo de Lara gana a su novia expulsando a los moros de Calatrava la Vieja y el romancero narra que:

> *Las bodas fueron en Burgos,*
> *las tornabodas en Salas:*
> *en bodas y tornabodas*
> *pasaron siete semanas.*
> *Tantas vienen de las gentes,*
> *que no caben en las plazas.*

(En español en el original).

[17] Karl Marx, *El capital*, libro I, capítulo XV, punto 6.

[18] "La proporción en que la población de un país está empleada como doméstica, al servicio de las clases acomodadas, indica el progreso de ese país en lo que respecta a la riqueza nacional y civilización". (Martin, R. M., *Ireland before and after the Union*, 1848). Gambetta, que negaba la cuestión social desde que dejó de ser el abogado pobre del Café Procope, quería sin duda hablar de esta clase doméstica en constante crecimiento cuando reclamaba el advenimiento de nuevas clases sociales.

[19] Dos ejemplos: el gobierno inglés, para complacer a los países indios que, a pesar de las hambrunas periódicas que asolan al país, se obstinan en cultivar amapolas en vez de arroz o trigo, ha debido emprender guerras sangrientas a fin de imponer al gobierno chino la libre introducción del opio indio. Los salvajes de la Polinesia, a pesar de la mortalidad que ello trajo por consecuencia, debieron vestirse y embriagarse a la inglesa para consumir los productos de las destilerías de Escocia y de las tejedurías de Manchester.

[20] Leroy-Beaulieu, Paul. *La cuestión obrera en el siglo XIX, 1872.*

[21] He aquí, según el célebre estadístico R. Giffen, de la Oficina de Estadística de Londres, la progresión creciente de la riqueza nacional de Inglaterra y de Irlanda: en 1814 era de 55 mil millones de francos; en 1865, era de 162.5 mil millones de francos; en 1875, 212.5 millones de francos.

[22] Reybaud, Louis. *El algodón: su régimen, sus problemas,* 1863.

[23] *Simulan ser Curius y viven como Bacanales*. Juvenal.

[24] *Pantagruel*, libro II, capítulo LXXIV.

[25] *Herodoto*, tomo II de la traducción de Larcher, 1786.

[26] Biot. *De la evolución de la esclavitud antigua en Occidente*, 1840.

[27] Tito Livio. Libro primero.

[28] Platón. *La República,* libro v.

[29] Cicerón. *Los oficios* (*De los deberes*), I, título II, capítulo XLII.

[30] Platón. *La República,* v, y *Las Leyes,* III; Aristóteles. *Política,* II y VII; Jenofonte. *Económico,* IV y VI; Plutarco, *Vida de Licurgo.*

✳   ✳   ✳

El mito de Prometeo

Los mitos son relatos ficticios que responden a la verdad.
Aristóteles

INTERPRETACIÓN DEL MITO

Prometeo, el indomable Titán que sigue amenazando a Zeus a pesar de permanecer encadenado y de tener el costado desgarrado por un águila, ha sido convertido por los mitólogos antiguos y modernos en la poética y heroica personificación del fuego, ese elemento que él robó del mundo de los dioses para entregarlo a los hombres y enseñarles su utilidad en la forja de los metales.

El orientalista F. Baudry atribuye al nombre y al mito de Prometeo un origen ario. Lo que tiene sentido si consideramos que en sánscrito el vocablo *pramantha* designa al palo que frota el surco practicado sobre un trozo de madera, y *pramathyus* a quien obtiene fuego al realizar esta operación; pero los griegos derivaban el nombre de *promatón*, es decir, conocer de antemano, prever; para ellos Prometeo era el *previsor*, y su hermano Epimeteo el *imprevisor*. Esquilo lo llama "el previsor" (*Prometeo,* V. 85), el "hijo ingenioso de Temis, la de los sabios consejos" (ibíd., V. 18), el "sagaz artificioso" (ibíd., V. 62), y Hesíodo lo considera —al igual que Esquilo—, un ser útil, astuto, inteligente. En realidad, para los griegos, el nombre de Prometeo no tenía ninguna vinculación etimológica con el fuego.

La interpretación del mito aceptada sin discusión únicamente tendría alguna posibilidad de ser indiscutible si Zeus, el verdugo del Titán, fuese un dios primitivo, cuyo origen se perdiera en la noche de los tiempos, lo mismo que el de Gea. Pero Zeus es, por el contrario, contemporáneo de Prometeo, y este lo trata de "nuevo jefe de los bienaventurados" (ibíd., V. 96), y lo considera usurpador del trono de Cronos, de quien es el primer nacido, según la *Ilíada*, y el tercero según Hesíodo. Zeus pertenecía a la tercera generación de las divinidades masculinas del panteón helénico, que habían sido precedidas por Gea, "la madre de todo" (ibíd., V. 90). De acuerdo con esto, habría de admitirse que los griegos prehistóricos eran los hombres menos evolucionados de los que se tenga conocimiento, ya que nadie ha encontrado todavía indicios de ninguna horda salvaje que no conociera el fuego, que no lo empleara para calentarse, cocer los alimentos o alejar a las bestias feroces, y que no lo produjera por el frotamiento de trozos de madera. Es más que probable que los arios utilizaran el fuego mucho antes de emigrar a la India; en todo caso, es seguro que los helenos lo usaban para trabajar los metales mucho antes de nacer Zeus y Prometeo, pues los cíclopes —que fabricaban los rayos que el hijo de Cronos lanzó contra los titanes— eran, según Hesíodo, hijos de Urano: pertenecían, pues, a la primera generación de las divinidades masculinas. Por otra parte, el propio Prometeo reconoce que no ha descubierto el fuego a los hombres, sino que solamente les ha enseñado a obtener de su llama los presagios (ibíd., V. 499), y que un "pueblo salvaje, los cálibes, sabían forjar el hierro" (ibíd., V. 709-10).

Así, pues, Prometeo no tenía que otorgar el fuego a los helenos prehistóricos, ni tampoco enseñarles a usarlo. Hay que buscar otra interpretación del mito.

El culto al fuego

El fuego, generador de fuerza motriz y agente principal de la producción capitalista, fue una de las primeras invenciones del hombre salvaje. Se usó como arma y como elemento de utilidad, mucho mejor que el guijarro o la rama de un árbol; constituye la primera distinción entre el hombre y el mono antropoide.

La utilidad del fuego logró impresionar tan vivamente la imaginación de los hombres primitivos, que cuando comenzaron a organizarse en tribus, clanes y familias matriarcales y patriarcales, se le rindió un culto que persistiría en Grecia e Italia junto con el cristianismo, e incluso sobreviviría en el catolicismo. Los cirios que se colocan sobre los altares y las luces que iluminan, día y noche, las imágenes santas, son los restos de este culto primitivo.

En los pueblos salvajes, la conservación del fuego —ese elemento tan difícil y arduo de obtener por frotamiento— era un deber de las mujeres. Cuando la horda se trasladaba hacia un nuevo campamento, eran las mujeres las que transportaban las brasas encendidas, resguardándolas en el interior de cortezas llenas de ceniza. Actuaban del mismo modo como lo hacen hoy los pastores de Sicilia, que tienen siempre a su alcance un trozo encendido de férula, planta de la familia de las umbelíferas, cuyo bulbo se inflama fácilmente y se conserva encendido bajo la ceniza. Precisamente fue en un tallo de férula, *nártex,* donde Prometeo cobijó la brasa sustraída del Olimpo, según Hesíodo y Esquilo. Y si al vestíbulo de las basílicas de la iglesia se les llamaba "nártex", ello debía ser, probablemente, en recuerdo del papel que había jugado esta planta en la conservación del fuego durante los tiempos prehistóricos de la Hélade.

Entre los griegos, una diosa, Hestia, cuyo nombre significa "hogar" —y casa, morada, por extensión— y cuyo equivalente romano era Vesta, era la encargada de salvaguardar el fuego de cada familia y de cada ciudad. Las primicias de todos los sacrificios eran dedicadas a ella, y la primera libación de los festines se realizaba en su honor. Su altar, en Delfos, era objeto de una singular veneración, pues se lo consideraba el "hogar común" de Grecia, el lugar donde se debía recoger la brasa cuando se quería volver a prender el fuego accidentalmente apagado de los templos. En los santuarios que Hestia compartía con Zeus y otros dioses, el homenaje de las ofrendas y de los holocaustos siempre se le rendía a ella en primer lugar, en tanto que divinidad más antigua y venerada; y en el Olimpo, cuando la celebración de los juegos, el primer sacrificio ofrecido por la asamblea era para ella, quedando el segundo para Zeus (*Pausanias,* V. 14).

Hestia era la mayor de los hijos de Rea y de Cronos (*Teogonía,* V. 453). Queriendo seguir el ejemplo de Zeus —que se había casado con su hermana Hera—, Poseidón propuso tomarla por esposa. (El matrimonio de Zeus con Hera, que los cretenses llamaban un "matrimonio sagrado", indica que las uniones sexuales también se realizaban entre mujeres y hombres de la misma generación, entre hermanos: MacLennan, descubridor de estas costumbres en el seno de las hordas australianas, las titula "endogámicas"). Sin embargo, Hestia permaneció virgen, con el consentimiento de Zeus, convertido ya en líder de la familia olímpica. Calímaco dice, en el *Homenaje a Artemisa,* que también las ninfas que la acompañaban obtuvieron una autorización similar. Pero hay que puntualizar que "permanecer virgen" no significaba, en los tiempos prehistóricos, hacer voto de virginidad y castidad, sino rechazar el obligado sometimiento al yugo del matrimonio patriarcal que Zeus había establecido en el Olimpo. Así, sobre la tierra, las mujeres que no aceptaban la costumbre patriarcal conservaban el nombre de vírgenes, aunque fueran madres de numerosos hijos. Esquilo llama Amazonas a determinadas vírgenes (*Prometeo*, V. 418), y la lengua griega reproduce esta idea patriarcal cuando designa *hijo de virgen* al hijo de una muchacha soltera.

Los salvajes errantes se agrupaban alrededor del fuego para comer y dormir. Y cuando dejaban de ser nómadas para construirse viviendas, estas fueron comunes y albergaron a todo el clan, de suerte que el hogar, situado en el centro de la casa, se convirtió en el centro alrededor del cual giraba la vida comunitaria. El clan solamente tenía una vivienda y un hogar, y esto fue así mientras perduraron las costumbres comunistas.[1]

Los griegos situaban el hogar común de la ciudad, es decir, el altar de Hestia, en el Pritáneo,

---

[1] El nombre de la diosa del hogar, *Estia*, es raíz de muchas palabras que mencionan la idea de detenerse, establecerse; de ahí el *stare* latino o el *station* francés.

edificio circular —al igual que el templo de Vesta en Roma— en recuerdo de las viviendas primitivas; el mismo estaba situado cerca del ágora ateniense, al pie de la Acrópolis (originariamente había estado en su cima, donde acampaba la tribu salvaje); poco a poco, el Pritáneo fue convirtiéndose en la sede de los poderes públicos y de los tribunales, en el lugar de recepción de los invitados y de los embajadores. Pero siempre, sobre su altar, permaneció encendido el fuego: era el hogar de la ciudad, para los griegos *stij poleoz* y el *focus* o *penetrale urbis* para los latinos (según Tito Livio, estos creían que el destino de Roma estaba vinculado a este hogar). Por la noche, el fuego era cubierto de cenizas, y por la mañana se lo reavivaba con ramilletes de especias, pues no podía ser alimentado con cualquier clase de madera. Si por desgracia llegaba a apagarse, únicamente podía volverse a encender por el procedimiento primitivo, es decir, por el frotamiento de dos trozos de madera, y nadie que no perteneciera a la comunidad podía asistir a los sacrificios que se efectuaban en el altar del hogar ciudadano, pues la sola mirada del extranjero mancillaría el acto religioso. En caso de guerra, si el enemigo tomaba la ciudad, y luego sus habitantes lograban reconquistarla, su primera obligación era purificar los templos: todos los hogares, los de la ciudad y los de las familias, debían ser apagados y vueltos a encender, pues el contacto de los extranjeros los había profanado.[2]

Cuando el clan dejó de vivir en comunidad y se segmentó en familias privadas, cada una de dichas familias tuvo su casa y su hogar, este encendido con una brasa tomada del hogar de la casa común. La importancia del hogar familiar era tal, que no solo se lo mantenía religiosamente encendido, sino que cuando dejaba de arder significaba que la familia había declinado por completo. Entre los griegos, "hogar apagado" era sinónimo de familia disgregada.

En los tiempos prehistóricos, los emigrantes que habían abandonado la ciudad para fundar una colonia se llevaban consigo una brasa de pritáneo de su ciudad, a fin de encender el hogar del pueblo que iban a construir, y si el fuego de

---

[2] Los judíos también tenían su culto al fuego. José cuenta que, en su tiempo, estaban tan aferrados a dicho culto que estalló un motín en Jerusalén a causa de la prohibición, por parte del gobernador romano Florus, de "la fiesta que llaman *Xytoforie*, durante la cual se lleva al templo una gran cantidad de madera, a fin de mantener el fuego que jamás debe apagarse" (*Historia de la guerra de los judíos*, libro II, cap. XXXI).

este nuevo pritáneo se apagaba, no podían volver a encenderlo, sino que era necesario regresar a la metrópoli en busca de una nueva brasa de su hogar, que era la *fuente del fuego sagrado* de las familias y de las colonias. Del mismo modo, cuando el ejército emprendía una campaña bélica, uno de sus miembros, el *piróforo*, tomaba una brasa del fuego sagrado y la transportaba sobre su cabeza; con ello, cumplía una función lo suficientemente considerada como para que el vencedor lo tratara con indulgencia.

El fuego del pritáneo era la fuente de la autoridad: *pritano* es sinónimo de jefe, de magistrado, de rey. En Mileto, en Corinto, en todos los estados griegos, los pritanos eran los primeros magistrados de las ciudades. Y en Atenas, por ejemplo, ellos eran los cincuenta senadores que, elegidos por las diez tribus, presidían el senado y las asambleas populares por turno, y velaban por la ejecución de los decretos.

Por consiguiente, también la familia olímpica tenía su hogar, su "fuente del fuego", al igual que las familias y las ciudades humanas. Píndaro llama a Zeus "el pritano de los bienaventurados" (*Prometeo* V. 173). Pero el fuego que Prometeo arrebató a "la fuente del fuego" (ibíd., V. 109-10) no era el fuego vulgar que conocían los mortales, sino una brasa de ese fuego sagrado que Zeus se negaba a comunicar a los "hombres mortales" (*Teogonía*, V. 564) y sin el cual nadie tenía derecho a encender el hogar familiar.

Prometeo no personifica la invención del fuego, sino que los episodios de su mito relatados por Hesíodo y Esquilo solo son los recuerdos de las luchas desencadenadas por las tribus de la Hélade prehistórica, con motivo de la sustitución de la familia matriarcal por la patriarcal, y de los sucesos que disgregaron a la familia patriarcal para preparar la eclosión de la familia burguesa, compuesta por un solo matrimonio, todavía vigente.

MATRIARCADO Y PATRIARCADO

Está totalmente admitido que jamás ha existido sociedad humana cuyo origen no estuviera basado en la familia patriarcal. En efecto, es probable que, como supone Darwin, el *homo alalus* tuviera costumbres análogas a las de los gorilas que viven en pequeñas hordas patriarcales, integradas por numerosas hembras y un solo macho; en ellas, cuando los jóvenes machos alcanzan la edad adulta, se baten entre sí y con su padre para saber quién será el jefe de la comunidad, diri- mido lo cual, el vencedor, el más fuerte, mata o expulsa a los más débiles y se convierte en el patriarca de la familia, manteniendo relaciones sexuales con todas las hembras del clan, es decir, con sus hijas, sus hermanas y su madre.

Es posible que el hombre comenzara con una estructura similar de familia patriarcal, pues- to que está claro que sus costumbres debieron caracterizarse por la misma promiscuidad que la de los gorilas; no en balde ignoraba, al igual que estos últimos, los vínculos de parentesco que lo unían a las mujeres de su horda. En nuestros días, dos antropólogos ingleses, Spencer y Gi- llen, afirman que en la Australia Central existe una población salvaje —los Aruntas— que des- conoce el hecho de que los niños provienen de la unión sexual. Y en nuestra misma sociedad euro- pea, hace solamente pocos siglos que se sabe que un niño no puede ser engendrado sin relación carnal del hombre y la mujer; durante la Edad Media se creía que la mujer podía ser fecundada por los espíritus.

Sin embargo, esta hipótesis sobre la primitiva forma de la familia —que solo ha podido producirse cuando el hombre apenas se distinguía del mono antropoide— no ha dejado rastros. Por el contrario, las observaciones efectuadas en las comunidades salvajes y las tradiciones recogidas respecto a los orígenes de la especie humana, únicamente nos muestran sociedades de mujeres y hombres viviendo en mayor o menos concordia. Por lo tanto, era natural que en estas sociedades —donde reinaba la poligamia de los dos sexos— los niños, conocedores de la identidad de su madre, se agrupaban en torno a ella, así como también que la filiación fuese establecida por la madre, y no por el padre, que era desconocido, o por lo menos de identidad incierta. Igualmente lógico era que la madre asumiera, cuando la familia se individualizaba, la responsabilidad de convertirse en su centro y su líder.

Desde mediados del último siglo, Morgan, en Estados Unidos, y Bachofen en Suiza, han venido señalando la existencia de la familia matriarcal, que en el antiguo y nuevo mundos, precedió a la familia patriarcal. Hoy, los antropólogos se muestran unánimes en admitir tal existencia; solamente divergen en lo que respecta al grado de autoridad ejercida por la madre en ese tipo de familia.

La forma patriarcal que suplantó a la matriarcal cuando los bienes mobiliarios aumentaron en número e importancia, colocó a la mujer en una posición subalterna, es decir, le hizo perder su independencia: en lugar de permanecer en su clan y de recibir a su pareja en la casa materna, pasó a ser un objeto comprable y entró como esclava en el hogar de su esposo. La lengua griega registró esta transformación, llamándola *posiz*, que originalmente significaba "dueño", y que adquiere la connotación de "esposo", de lo que se deriva esposa, como la mujer sujeta al dominio, en lugar de "señora de la casa" (*despoino*), término que siguieron utilizando los espartanos, entre quienes sobrevivían las costumbres matriarcales; la *doncella* es la mujer aún no dominada (*admez*). *La Odisea* (VI, V, 109) llama a Nausícaa "virgen no dominada" (*partenoz admez*), por el hecho de no estar casada.

La familia patriarcal se componía de un números de miembros más o menos grande, integrado por el marido, su esposa legítima, sus concubinas y sus hijos, todos ellos supeditados a la despótica autoridad del patriarca, a quien se consideraba el padre de todos los integrantes de la familia. El patriarca tenía, por el solo hecho de serlo, derechos sobre la vida y la muerte, no únicamente de su esposa, sus concubinas y sus hijos, sino también de sus tíos, de sus hermanos, de las esposas e hijos de estos, etc.; según la inflexible fórmula romana, todos ellos estaban "en su mano" (*in manu*).

El patriarca era el propietario titular de los bienes raíces que servían de sostén a la familia patriarcal y que eran inalienables. Además los administraba en interés de todos los miembros de la misma.

EL PATRIARCADO EN EL OLIMPO

Según parece, la transformación de la situación familiar de la mujer, que en determinadas poblaciones se efectuó gradualmente y sin choques trágicos, en la Hélade se consumó de un modo violento y tras sangrientas luchas, a juzgar por lo que dicen las leyendas mitológicas, que son los únicos recuerdos de que disponemos sobre la época. La brutal toma de posesión del Olimpo por parte de Zeus —convertido en el "padre de los dioses y de los hombres", según Hesíodo, o simplemente en el "padre", según la *Ilíada* y Esquilo— no fue más que una reproducción de lo que había ocurrido sobre la tierra cuando el padre sustituyó a la madre en el gobierno de la familia.

Así pues, el cielo reflejó los sucesos de la tierra del mismo modo que la luna refleja la luz del sol. En efecto, el hombre no fabrica, ni puede fabricar sus religiones; solamente le es factible hacerlo si sabe dotar a las divinidades por él imaginadas de sus propias costumbres, pasiones y pensamientos. En tal caso, el hombre no hace más que transportar al reino de los dioses los acontecimientos característicos de su vida, reinterpretar en el cielo los dramas y las comedias de la tierra. Por ello, precisamente, los mitos —cuya elaboración corresponde a los tiempos en que la tradición oral era el único medio de perpetrar la memoria de los acontecimientos— son como relicarios que conservan los recuerdos de un pasado que, de otro modo, estaría por completo perdido. El mito de Prometeo es rico en documentos sobre la organización del patriarcado entre los helenos.

Hesíodo designa a las dos generaciones divinas que precedieron a Zeus con los nombres de Urano y de Cronos; por tanto podría suponerse que este autor consideraba que la filiación había sido hecha desde siempre por el padre, y que la familia patriarcal estaba instituida desde un principio. Esquilo, por el contrario, acusa a Zeus de haber revolucionado el Olimpo y de haber introducido en él un nuevo orden, y jamás nombra al padre de Prometeo; para él, aquel debía resultar incierto, e incluso desconocido, a pesar de que Hesíodo pretende que es Jápeto. El Prometeo de Esquilo no conoce más que a su madre, Temis, "la antigua diosa"; cuando interpela a las Oceánidas las llama "hijas de Tetis", mencionando a continuación a su padre Océano (*Prometeo* V. 138-141) como los egipcios, entre quienes subsistían costumbres matriarcales, que inscribían sobre las tumbas primero el nombre de la madre y luego el del padre. Y cuando está encadenado no implora a Urano y Cronos, sino a Gea, "la madre de todo". Urano y Cronos pertenecían al ciclo matriarcal en el que la madre era quien gobernaba a la familia, cuyos miembros solo la obedecían a ella; fue Rea quien ordenó a sus tres hijos, Zeus, Poseidón y Hades, que encadenasen a su padre, Cronos; y fue Gea quien encargó a su hijo Cronos que castrase a Urano, para así poder liberarse de sus abrazos amorosos.[3]

Siendo Prometeo hijo de una matriarca —"la antigua madre de la titánida Temis (ibíd., V. 86), cuyo nombre es sinónimo del de Gea (ibíd., 213/4), la madre por excelencia, hermana de los Titanes, los defensores del orden matriarcal—, debería haber tomado partido contra Zeus, el atacante de los Titanes. Pero viendo que estos no escuchaban sus consejos, y previendo su derrota, los abandonó para pasarse al bando de Zeus, llevando consigo a su madre. Y esta no tuvo más remedio que adherirse a la causa del hijo —al igual que antes lo había hecho Atenea, diosa anterior a Zeus que, a pesar de esta circunstancia habría de convertirse en hija adoptiva suya— para adaptarse al nuevo orden. A juzgar por todo esto, la

---

[3] Andrew Lang compara la mutilación de Urano a muchos mitos análogos recogidos entre los bosquimanos y los polinesios, los cuales tienen un evidente valor prehistórico y conservan, probablemente, el recuerdo de los primeros intentos realizados entre las hordas salvajes para hacer cesar la promiscuidad sexual. Según el mito griego, la iniciativa en este sentido fue tomada por la mujer, quien hubo de recurrir hasta la emasculación para restringir el círculo de las uniones sexuales. J. Atkinson, que ha vivido entre algunas tribus polinesias, atribuye a la mujer el cese de las uniones incestuosas —entre madre e hijos y entre padre e hijas—, de las que las leyendas religiosas de todos los pueblos citan numerosos ejemplos.

lucha para la introducción del patriarcado sobre la tierra debió de ser muy larga, pues la guerra de los Titanes duró, según Hesíodo, diez años: un tiempo similar al de los asedios de Troya y de Veies. También debió de ser extremadamente confusa, pues durante la misma las divinidades cambiaron de bando en numerosas ocasiones, tomando los más imprevisibles partidos.

Más listo que los Titanes, Zeus escuchó a Prometeo, y siguiendo sus consejos hizo prisionero a Cronos y a sus aliados en el Tártaro (ibíd., 223/4). Fueron tan importantes los servicios de nuestro personaje, que llegó a vanagloriarse "de haber distribuido los honores a los viejos dioses" (ibíd., 440/1). "Prometeo se devora el corazón meditando en todo lo que ha hecho por Zeus, y sin embargo, desde el momento en que se convirtió en el amo del Olimpo, él conspiró en contra suya y recobró la amistad de los partidarios del matriarcado, a quienes había traicionado. Las Oceánidas, que permanecieron fieles al orden antiguo y que juraron por las Moiras que "jamás serían las compañeras de cama de Zeus, ni se unirían a ninguno de los habitantes del cielo" (ibíd., V 885/7), fueron las primeras en acudir a su llamado, lamentándose de su suplicio, maldi-

ciendo a "Zeus, que reina con las leyes nuevas y
que aniquila cuando hasta entonces había sido
venerable" (ibíd., V. 151/3), y haciéndole saber
que "los mortales que habitan el Asia sagrada... y
las Amazonas, las vírgenes de la tierra de Cólqui-
de, lloran sus desgracias y deploran "las antiguas
y magníficas dignidades que él y sus hermanos
han perdido" (ibíd., V. 409/20).

El orden nuevo era odioso. Y Zeus, patriarca
del Olimpo y padre de la familia terrestre, era
"un amo duro que no debe rendir cuentas" (ibíd.,
V. 11), "él impone siempre con cólera su inflexible voluntad y domina a la raza celeste (ibíd., V.
165); él reina sin misericordia, según sus propias
leyes, e inclina bajo su orgulloso yugo a los dioses
anteriores" (ibíd., V. 406/8) —cuando el padre
entra, estos deben levantarse y permanecer de
pie en su presencia, dice la *Ilíada* (I, V. 100/1)—.
"Él solo considera justicia su voluntad (ibíd., V.
101/1); su corazón es inexorable, pues aquel que
ejerce el poder desde hace poco tiempo es duro"
(ibíd., V. 34/5).

Zeus, que reprodujo los hechos y gestos del
patriarcado terrestre, se había apoderado por la
fuerza del gobierno de la familia celestial. Ex-

pulsó del Olimpo a las divinidades matriarcales y a los Titanes, y para conservar su hegemonía utilizó la fuerza, pues, dice el *Himno a Zeus* de Calímaco que no hay que creer que el reparto de la herencia de Cronos entre los tres hermanos se hizo apelando a la suerte, sino que Zeus tomó la parte del león. El mantenimiento de su autoridad lo ejerció siempre mediante la fuerza, y por eso se preocupó de tener a su alrededor, constantemente, a sus servidores, la Fuerza y la Violencia (*Kratos y Via*), dispuestos en todo momento a obedecerlo; fue por orden suya que ambos acompañaron a Hefesto para ayudarlo a clavar a Prometeo en el Cáucaso. Su pesada y brutal tiranía afectó a todos los olimpianos, que a menudo se le rebelaron.

La *Ilíada* (I, V. 396/406) cuenta cómo, en cierta ocasión los dioses, unidos con Hera, Atenea y Poseidón, quisieron encadenar a Zeus, que solo pudo escapar gracias a los consejos de Tetis y a la fuerza de Briareo. Hesíodo, por su parte, menciona otro complot contra "la autoridad del todopoderoso hijo de Cronos" (*Teogonía* V. 534). En cuanto al castigo impuesto a Prometeo, también fue consecuencia de haber urdido un complot: cuando Océano le aconsejó moderar su cólera y "acomodarse a las nuevas costumbres", él le respondió que lo envidiaba, "porque sabes estar al margen, habiendo tomado parte en todo y habiéndote atrevido conmigo... Pero puedes estar tranquilo y seguir aparte, pues si yo soy desgraciado, no quiero que otros padezcan por causa de ello" (*Prometeo*, V. 334/50). Y aun después de vencido y encadenado, todavía Prometeo amenazó a Zeus con un "nuevo complot que lo despojará de la superioridad y de los honores" (ibíd., V. 173/4) y afirmando: "yo he visto caer a dos tiranos (Urano y Cronos), veré sin duda caer al tercero, que reina ahora, y que caerá muy pronto y con mucha deshonra" (ibíd., V. 946/9).

Estas amenazas inquietaron a Zeus, quien se apresuró a ganarse a Hermes con objeto de arrancarle su secreto.

Los patriarcas, al igual que los señores y los reyes de la Edad Media, temían mucho a sus herederos: sabían que si tardaban demasiado en ceder su puesto, ellos se desembarazarían de su presencia. En las Indias los enviaban a un bosque, donde morían abandonados tras un tiempo de vida anacoreta. Es lógico, pues, que Prometeo esperase la llegada de ese vengador que sería el hijo de Zeus. Pero el heredero debería ser hijo legítimo, por haberlo parido la esposa, o legitimado por adopción, y los dos hijos que Zeus había tenido con Hera, Ares y el cojo Hefesto, no encajaban en las condiciones exigidas por el orden nuevo, pues habían nacido antes del establecimiento del patriarcado; ambos tomaron parte en la guerra de los Titanes. Sin embargo, Prometeo, que conoce el humor amoroso del padre, confía en que este, cegado por la pasión, se olvidará de los requisitos y después de repudiar a Hera, "contraerá un matrimonio del que se arrepentirá... Su nueva esposa parirá un hijo más poderoso que su padre" (ibíd., V. 758/63) y que lo derrocará, entonces "se cumplirá totalmente la imprecación que el padre Cronos lanzó al caer del antiguo trono".

Prometeo era inmortal y sabía que él, el vencido, el ajusticiado, vería el fin de la tiránica autoridad de Zeus y del patriarcado, y sería liberado por Heracles, otra víctima de la familia patriarcal que debió obedecer a su hermano mayor, Euristeo, y ejecutar los trabajos penosos y peligrosos que le imponía. Pero la hora de la liberación no habría de sonar antes de "trece generaciones" (ibíd., V. 768), o sea, después de cuatro siglos, contando treinta y tres años por generación. ¿Es posible que las sacerdotisas de Eleusis, que habían instruido a Esquilo, calcularan esta duración para el patriarcado de la Hélade?

Esquilo, por causa de las necesidades dramáticas, reúne el complot y el robo del fuego como si ambos acontecimientos hubiesen tenido lugar al mismo tiempo, y clava a Prometeo en el Cáucaso por los dos atentados. Pero Hesíodo, que narra simplemente la leyenda, los disocia; ambos pertenecen, en efecto, a dos épocas diferentes del patriarcado: el uno se sitúa en sus comienzos, y el otro en su declive. Zeus castigó a Prometeo y a su hermano Atlante por el complot, encadenando a uno a una columna, y condenando al otro a cargar sobre sus espaldas el peso del universo. Por el robo del fuego castigó a los mortales.

Al comienzo del patriarcado olímpico, Zeus se vio constantemente obligado a recurrir a su fuerza física y a los castigos corporales para doblegar a los dioses. La *Ilíada* cuenta cómo colgó a su esposa con un yunque atado a cada pie, y cómo se felicitó de que Poseidón, sometiéndose a su orden, le evitara tener que luchar con él, "lo que no hubiese concluido sin esfuerzo" (xv y sig.; 219 y sig.). Los neoplatónicos de la escuela de Alejandría y los mitólogos de los tiempos modernos han atribuido un sentido simbólico, metafísicamente profundo, al paisaje de la *Ilíada* en que Zeus, después de haber formulado su voluntad, amenaza con precipitar al Tártaro a quien no se someta a ella; y añade: "Aunque todos los dioses y diosas se ataran entre sí a una cadena de oro para, tirando de ella, intentar moverlo de su puesto, no lo conseguirían, mientras que él podría izarlos a todos, junto con la tierra y el mar, y colgar el conjunto del otro extremo del Olimpo, sobre el vacío". Semejante bravata solo tenía por objeto recordar quién es el más fuerte de los dioses, pues la fuerza corporal era la primera virtud de los héroes patriarcales de la época homérica: cuando Helena indica a los troyanos ancianos, desde la muralla de la asediada ciudad, la identidad de los jefes griegos a quienes conoce tan bien, es por la fuerza que demuestran guerreando que distingue a Ulises de Menelao, y de Áyax, "el prodigioso escudo de los aqueos", que aventaja a los otros dos por la amplitud de sus espaldas (*Ilíada*, cap. III).

Pero para gobernar a la familia terrestre —o a la celeste—, para administrar sus bienes, la fuerza y la brutalidad no son suficientes, hace falta también inteligencia, y, según parece, el padre del Olimpo, al igual que los padres de la tierra, no se distinguía precisamente por sus facultades intelectuales en el cumplimiento de estas funciones.

Al parecer, en las tribus de la Hélade prehistórica, y en la de las otras partes, el cerebro de la mujer fue el primero en desarrollarse. Esto se explica por el hecho de que en Grecia, al igual que en el Asia Menor, en las Indias y en Egipto, la mujer fue divinizada primero que el hombre; así, las primeras invenciones de las artes y los oficios, a excepción de la forja de los metales, son atribuidas a las diosas, no a los dioses. Por ejemplo, en Grecia, mucho antes que Apolo, las Musas —primitivamente en número de tres—, fueron las diosas de la poesía, la música y la danza. Y de las dos diosas, Isis, "la madre de las espigas y la dama del pan", y Deméter, la legisladora, respectivamente, aprendieron los griegos y los egipcios el cultivo de la cebada y del trigo; ambas, además, les hicieron renunciar a la alimentación antropofágica. La mujer era, para los hombres prepatriarcales y para los germanos que conoció

Tácito, la poseedora de algo santo y providencial: *aliquid sanctum et previdum* (*Germania,* VIII).

Evidentemente, la razón de esta superioridad intelectual de la mujer está en las condiciones de la vida salvaje, donde cada sexo cumplía unas determinadas funciones. El hombre, cuyo sistema óseo y muscular es más fuerte, "se bate, caza, pesca y se sienta", dice el australiano; es decir, no hace nada más que eso, dejando el resto para la mujer; y ese resto de tareas que pasan a ser competencia exclusiva de la mujer, fueron las que pusieron en juego sus facultades cerebrales: ella tenía a su cargo la casa común, que a menudo albergaba clanes de más de cien individuos; ella preparaba las vestimentas de piel u otras materias primas; ella se ocupaba del cultivo del jardín, de la crianza de los animales domésticos y de la confección de los utensilios del hogar; ella conservaba, administraba, economizaba, cocinaba y distribuía las provisiones vegetales y animales almacenadas en el curso del año; y ella, al igual que las Valkirias escandinavas y las Ceres helenas prehistóricas, acompañaba al guerrero en el campo de batalla, inflamando su coraje, ayudándolo en la lucha, relevándolo si caía herido y cuidándolo durante su postración. Y tan apreciada era su asistencia en este último aspecto que, según Tácito, los bátavos que se rebelaron bajo el dominio de Civilis sintieron piedad hacia los soldados romanos porque no iban acompañados de sus mujeres cuando entraban en combate; asimismo, Platón —quien, en tanto que iniciado de la Élite de los Misterios de Eleusis, estaba más instruido en las costumbres primitivas de lo que se cree— hace asistir a las mujeres a las batallas de los guerreros de su República.

Estas numerosas y diversas funciones, que obligaban a la mujer a reflexionar, calcular, pensar en el mañana y prever a muy largo plazo, debían desarrollar necesariamente sus facultades intelectuales. El hombre, cumplido su papel de guerrero y de proveedor de alimentos, no tenía más que abandonarse a la vida: "aun siendo viejo de cien años —dice Hesíodo—, él permanecía detrás de la madre prudente, que lo alimentaba en el hogar familiar como a un niño que ha crecido mucho, pero que todavía no sabe hablar" (*Los trabajos y los días*, V. 130/1). En cambio, la mujer era como una providencia para el indolente e imprevisor salvaje: el ser prudente y previsor que presidía sus destinos desde la cuna hasta la tumba. Se comprende pues que el hombre, elaborando su ideología a partir de los acontecimientos y las adquisiciones intelectuales de su vida cotidiana, acabará deificando a la mujer. Una costumbre muy extendida entre los griegos y los romanos prehistóricos fue la de someter sus destinos al control de las diosas, las Moiras y las Parcas, cuyos nombres significan, tanto en griego como en latín, la parte que toca a cada uno en la distribución de víveres o del botín de guerra. "Las Moiras, esas antiguas diosas de tres cuerpos, y las Erinias, que no olvidan nada, detentan el timón de la necesidad", dice Prometeo, para quien el soberano del Olimpo "es más débil que ellas y (por lo tanto) no sabría evitar el destino" (*Prometeo*. V. 516/9).

Zeus, el de la fuerza irresistible, también tenía la debilidad intelectual característica en los padres que sobre la tierra suplantaron a la madre en la dirección de la familia: no era un dador de "sabios consejos", como Temis, la madre de Prometeo; al contrario, se veía obligado a recurrir constantemente a los consejos de las diosas matriarcales, para escapar a los peligros de su situación. Su triunfo sobre los Titanes solo lo logró liberando, según "el consejo de Gea", a los Hecatónquiros, Briareo, Coto y Gíes, a quienes Urano había en-

carcelado bajo la tierra (*Teogonía*, V. 617/26). Y
también según los consejos de Gea, se casó con
Metis, "la más sabia de las diosas y de los mortales", con objeto de poder suplir las cualidades
intelectuales de las que él carecía; luego, al igual
que los salvajes que devoran el corazón sangrante
de un enemigo para adquirir su coraje, se tragó a
su esposa Metis para asimilar su astucia y su sabiduría, pues este era el significado de su nombre.
Estas dos cualidades intelectuales eran, entonces,
cualidades de la mujer (ibíd., V. 88 y sig.).

Pero la asimilación no se hizo inmediatamen-
te, a juzgar por la trampa en que lo hizo caer Prometeo. Sucedió así: el Titán, para poner a prueba
la inteligencia del Padre, mató y despedazó un
enorme buey, amontonando a un lado la carne,
recubierta de la piel del animal —sobre la que
colocó las entrañas, la parte desdeñable que se
daba a los mendigos, según nos informa la *Odisea* (XVIII, V. 44)—, y al otro lado los huesos
descarnados, hábilmente disimulados bajo bolsas de grasa. "Hijo de Jápeto, has hecho muy mal
las partes", dijo el amo del Olimpo; y el astuto
Prometeo replicó: "Muy glorioso Zeus, tú, el más
grande de los dioses vivos, debes tomar la parte
que te aconseje tu sabiduría". Entonces, el padre

de los dioses y de los hombres, no escuchando más que su glotonería, tomó con ambas manos el montón de grasa y huesos, en medio de las risas de todos los olimpianos y montó en la más tremenda cólera cuando se dio cuenta de que estaba haciendo el ridículo (*Teogonía*, V. 536 y sig.).

Una jugada tan sucia solo pudo producirse en el cielo merced a que los hombres, que al principio del patriarcado soportaban con impaciencia la autoridad del padre, debieron recurrir en más de una ocasión a semejantes pruebas, a fin de demostrarle a este que sus facultades intelectuales no lo autorizaban a sustituir a la madre en la dirección de la familia y la gestión de sus bienes.

EL DON DE PROMETEO
A LOS MORTALES

Puesto que el uso de un objeto entraña su posesión, en las sociedades salvajes la madre, que tenía a su cargo la casa y sus provisiones, era la dueña de la vivienda y de lo que esta contenía; el hombre no poseía más que sus armas e instrumentos de pesca y caza. En cuanto a los hijos, también pertenecían a la madre, que los había engendrado, alimentado, criado y cobijado. Y cuando se casaba una hija, no abandonaba la casa materna, sino que, por el contrario, su marido se convertía en un huésped que debía procurarle sus víveres.

El hogar donde se preparaban los alimentos también era propiedad de la madre o de su hija mayor cuando ella moría.

Así pues el padre, al suplantar a la madre, se convirtió en el dueño de la casa y de su hogar, en el dueño del fuego —como dice Esquilo—, puesto que como ya sabemos, era necesario poseer una brasa de este fuego para poder entender, según los ritos religiosos, un nuevo hogar familiar. Por lo tanto Zeus, convertido en padre de los olimpianos, fue "el pritano de los bienaventurados" (*Prometeo*, V. 173); es decir, el dueño del hogar y del fuego sagrado, y echó del Olimpo a las divinidades femeninas que, bajo los nombres de Gea, Rea y Deméter, personificaban a la Madre y a la Tierra, procreadoras y alimentadoras de todo.[4] Con todo, los hombres que no acepta-

---

[4] *Rea* es la antiforma de *Era*, el Mundo; es hija de *Gea*, la Tierra, y madre de Deméter, la Tierra-madre. Pometeo dice que su madre: Temis y Gea, la madre primitiva de los hombres y de los dioses son "una misma persona bajo muchos nombres"

ron el orden nuevo continuaron adorándolas, al tiempo que rechazan reconocer al "nuevo jefe de los bienaventurados". Pero Zeus los exterminó, dice Hesíodo.

La posesión del hogar simbolizaba la dominación del padre; sus derechos, sus honores y su autoridad parecían depender de ello. También Esquilo utiliza indistintamente la palabras fuego, honor, dignidad y autoridad, para designar lo que Prometeo le robó a Zeus para comunicárselo a los mortales. Y cuando la *Ilíada* quiere caracterizar la parte de la herencia de Cronos correspondiente a cada uno de sus tres hijos, emplea igualmente la palabra *tima* (dignidad). (XV, V. 189). Así, pues, arrebatando una brasa del hogar del Olimpo, el Titán no solo robó un simple carbón incandescente, sino que atentó contra "los derechos de los dioses" (*Prometeo*, V. 82); y, "comunicándoselo a los seres de un día (los

---

(*Prometeo*, V. 213/14). Catorce versos más arriba llama a Gea "*Jthon*", la Tierra. La idea de justicia que los repartos anuales de tierras entre las familias del clan contribuyeron a desarrollar y consolidar parece ser sobre todo un atributo de la Madre y de la Tierra; Deméter es llamada *thesmoforos*: la portadora de leyes y de frutos. Esta idea de justicia se separó de la Tierra después del desarrollo del comercio y de la industria, para llegar a personificarse en divinidades distintas: Temis, Dike, etcétera.

hombres)…, ha cedido a los mortales honores que están más allá del derecho" (ibíd., V. 83 y 30). Por tanto, Prometeo cometió un sacrilegio comparable al del ciudadano que hubiese robado una brasa del fuego sagrado de su ciudad, con objeto de dársela a un extranjero para que pudiera encender el hogar de una ciudad rival.

La brasa que Prometeo robó "del manantial del fuego", no era, pues, fuego ordinario, "fuego del que emana del Etna por torrentes" (ibíd., V. 372), sino que era el fuego sagrado que daba al mortal que lo poseía el derecho a encender un hogar familiar, a construir una familia independiente a fin de sustraerse al despotismo del padre. Poseidón, que cuando el reparto recibió este derecho —pues recibió su parte del fuego sagrado—, pudo fundar una familia sobre la que el patriarca del Olimpo no tenía ninguna autoridad; por eso cuando Iris le transmitió una orden de Zeus, él pudo negarse a obedecerla y responder: "Que él disfrute en paz en su tercera parte, y que no intente intimidarme con sus puños como si yo fuera un blando; que se contente con reprender, mediante sus imperiales palabras, a los hijos y las hijas que ha engendrado y que están obligados a obedecer sus órdenes" (*Ilíada* XV, V. 149).

Los personajes del drama de Esquilo —Cratos, Hefesto, las Oceánidas, Io, Hermes, Prometeo— dicen que el fuego ha sido dado a los "mortales". Prometeo es el único que, en dos ocasiones, se sirve de la palabra "hombre" (*Prometeo*, V. 446 y 502), mientras que la palabra *mortal*, bajo sus cuatro sinónimos, es citada treinta y siete veces. Pero Prometeo no emplea la palabra *hombre* cuando se refiere a la comunicación del fuego, sino cuando habla de que no tiene nada que reprochar a los hombres y de que él les ha enseñado a descubrir los metales ocultos bajo la tierra. Hesíodo también dice que Zeus rechazó "dar el fuego a los hombres mortales" (*Teogonía*, V. 564). ¿Es que había hombres que no eran mortales?

La persistencia con que Esquilo y Hesíodo se niegan a servirse de la palabra *mortal* cuando nos hablan del fuego que fue denegado o comunicado, es apreciada y posee una significación que puede revelar la ideología salvaje.

El salvaje, para explicarse los fenómenos del sueño, no encontró nada más simple e ingenioso que desdoblar al hombre, darle un *doble* según su expresión. El doble en cuestión podía abandonar el cuerpo de su poseedor durante el sueño, para irse a cazar, pelear, batallar, vengarse, etc.; a su regreso al domicilio corporal se produciría el despertar que si se extraviaba en el camino o no regresaba por cualquier otra causa, jamás llegaría a producirse. El doble sobrevivía a la destrucción del cadáver —por eso los salvajes veían en sueños los espíritus de sus compañeros muertos— pero se hallaba sin domicilio después de la descomposición de este, y por eso vagaba sobre la tierra hasta encontrar algún objeto (planta, animal o piedra) al que le complaciese integrarse y que podía abandonar a voluntad. La metamorfosis es de origen salvaje.

Pero los espíritus de los muertos eran tan vengativos como los salvajes, y se vengaban de los agravios reales o imaginarios recibidos antes o después de la muerte. Por eso los hombres primitivos temían mucho más a los difuntos que a los vivos: estaban perpetuamente aterrorizados por sus dobles, y para desembarazarse de ellos inventaron una vivienda póstuma, que habilitaban lo mejor que podían para lograr que los espíritus permanecieran en ella después de la destrucción del cadáver, llevando una existencia espiritual lo suficientemente feliz como para olvidarse de importunar a los vivos. Esta morada estaba situada, desde luego, en lo alto de una montaña como el Olimpo, que por cierto antes de Zeus era la vivienda de los espíritus (*djimonon*). En efecto, Prometeo cuenta que la guerra estalló entre los espíritus (*daimones*), cuando "los unos quisieron derribar a Cronos para que gobernase Zeus, y los otros reunieron sus esfuerzos para que Zeus no reinara jamás sobre los dioses" (*Prometeo*, V. 203/7). Prometeo, los Titanes, Zeus, los dioses y las diosas que tomaron parte en la lucha, eran los espíritus inmortales de los hombres muertos que habitaron el Olimpo, la morada que los helenos salvajes habían imaginado para albergarlos.

La creencia en una vida póstuma y feliz persistente entre los salvajes y los bárbaros mientras vivieron bajo el régimen de la propiedad común y de la familia matriarcal, se oscureció y acabó por desvanecerse bajo el régimen del patriarcado y de la propiedad privada familiar. Únicamente el padre de todos los miembros de la familia poseía un espíritu que le sobrevivía, pero que, lejos de ir a pasar su segunda vida en una morada especial, habitaba la tumba situada junto al hogar, al que guardaba. Los griegos y los romanos siguieron tratando al padre muerto como si estuviera vivo, llevándole alimentos y pidiéndole consejos, él era uno más de los ancestros y se le convertía en un dios al que se le rendía un culto familiar; en una palabra, según Heráclito, "los hombres eran dioses y eran *hombres inmortales*". En cuanto a los demás miembros de la familia, tanto los hombres como las mujeres perdían el alma que habían poseído y morían completamente, sin que ningún doble les sobreviviera; eran *hombres mortales*, mientras que los padres eran hombres inmortales.

Evidentemente, los helenos habían pasado por la ideología salvaje y por las condiciones de vida que la engendraron, como lo demuestra el célebre pasaje de Hesíodo sobre las razas humanas, que no es una invención de un poeta de genio, sino la reproducción de leyendas que resumen considerablemente las fases de la prehistoria. "Y si tú quieres —dice Hesíodo— he aquí otra narración que desarrollaré bien y con ciencia: a saber, que los dioses y los *hombres mortales* salieron de un mismo origen".

Esa creencia, que la filosofía sofística intentaría extirpar, sobrevivió en el cristianismo: Jesús no es más que un hombre mortal convertido en un dios inmortal. En tiempos de Esquilo estaba admitido, como dice Píndaro, que "los hombres y los dioses habían nacido, unos y otros, de la misma madre", de la Tierra (*Nem.*, VI). Y los hombres se distinguían tan poco de los dioses que Pisístrato hizo que el pueblo ateniense aclamara, como si se tratara de una diosa, a una cortesana vestida de Palas-Atenea.

La primera raza de oro fue "una raza de *hombres de voz articulada (merópon anthropon)*[5] crea-

---

[5] El helenista M. Desrouseaux me hace advertir que esta definición también puede interpretarse como meropes anthropoi: "hombre de manos prensiles"; a causa de estas dificultades etimológicas, una u otra significación nos remite a la época en que el hombre se separa del simio antropoide, adquiriendo la palabra y cesando de servirse de sus extremidades anteriores para caminar. Por lo demás, la adquisición de la palabra está estrechamente vinculada a la del estado vertical; en efecto, el caminar con los miembros posteriores permitió al hombre el libre y fácil uso del tórax para emitir sonidos, regularizando la respiración. Los pájaros cantan porque tienen el tórax libre; es probable que la palabra humana empezara, como lo pensaba Darwin, por el canto.

El retrato hesiódico es quizá el más antiguo recuerdo que el hombre posee de su origen. Hay que subrayar que las leyendas sobre las razas humanas no están relatadas en la *Teogonía*, sino en *Los trabajos y los días*, que los espartanos llamaban despectivamente "el poema de los artesanos", porque estos, no habiendo podido constituir sus familias sobre la base patriarcal, conservaron las más antiguas tradiciones: Hesíodo se preocupó de advertir que él iba a desarrollar "un relato" que no había circulado entre los ambientes patriarcales.

da por los dioses que habitaban el Olimpo y que "existían desde los tiempos de Cronos". Por consiguiente antes que Zeus. Estos hombres vivían, al igual que los salvajes comunistas, "como dioses despreocupados... se distribuían voluntariamente los trabajos y los bienes... morían *como vencidos por el sueño*". Sus dobles se separaban de sus cadáveres y erraban por la tierra. Y, después de que Zeus se adueñó del Olimpo, ellos continuaron, en el estado de *espíritus* (*daimonon*), viviendo sobre la tierra "vestidos con aire... son los guardianes de los hombres mortales, vigilan las acciones malas... y son los distribuidores de las riquezas".

Los hombres de la raza de plata pertenecen a la época matriarcal, cuando "incluso viejos de cien años, los hombres vivían y eran alimentados junto con su madre previsora, en su casa, como niños grandes". Zeus los exterminó porque rechazaron "honrar a los dioses del Olimpo... y hacer sacrificios en sus altares. Pero continuaron viviendo sobre la tierra en estado de espíritu y son llamados *mortales bienaventurados*. Reciben honores, aunque están colocados en un segundo rango", es decir, por debajo de los inmortales bienaventurados del Olimpo. Hesíodo deja suponer que se les rendía un culto secreto. Probablemente esos espíritus se convirtieron en los Cabirios, los Telquines y otras divinidades menores que eran adoradas por los artesanos, los patronos y la gente humilde.[6]

Zeus, patriarca del Olimpo, creó la tercera raza —llamada de bronce, sin duda porque ignoraba el hierro y no se servía más que de sus armas de ese metal— para reemplazar a las dos razas de la época comunista y matriarcal. Los hombres de "esta raza violenta e injusta fueron sepultados

[6] La leyenda de la segunda raza, así como el pasaje de la *Teogonía* (V. 535/6) donde se dice que "los dioses y los hombres batallaron en Mecon", parecen demostrar que hubieron guerras religiosas en la prehistoria. La crisis social que desembocó en el establecimiento del patriarcado habría revestido en Grecia, según esto, una forma religiosa: los hombres que se mantuvieron fieles al orden matriarcal debieron ser exterminados al no querer reconocer y honrar a los dioses nuevos, para así hacer cesar el culto de las antiguas diosas Gea, Rea, Deméter, las Erinias, Ceres, etc. Tales persecuciones no consiguieron suprimir este culto, pero sí rodearlo de sombra y misterio. Pausanias (I, 38), en quien se encuentran las antiguas tradiciones no sofisticadas por los filósofos y los poetas refiere que en los tiempos prehoméricos los habitantes de Eleusis debieron defender con las armas el culto de Deméter que los atenienses querían abolir.

Los cristianos de los primeros siglos, al hacer de los dioses del paganismo demonios malhechores, repiten sin saberlo la actuación de los patriarcas, adoradores de Zeus, que metamorfosearon en seres horribles y terroríficos a las Erinias; no obstante ello, estas continuaron siendo llamadas, por las masas democráticas, las "diosas bienhechoras y venerables".

en el glacial Hades... La negra muerte los prendió y dejaron el brillante sol". Sus espíritus continuaron viviendo en el Hades, pero "no reciben honores".

La creencia en la supervivencia del alma era tan viva que, a pesar de los exterminios y nuevas creaciones de razas, no desapareció hasta llegar a los hombres de la quinta raza, llamada de hierro, a la que pertenecen los contemporáneos de Hesíodo.

Al mismo tiempo que la raza de bronce, el padre del Olimpo creó "una raza divina, más justa y virtuosa, de hombres héroes, a quienes los hombres de la tercera raza llamaban semidioses" porque eran hijos de dioses que se habían unido a los mortales. Tal como queda dicho al final de la *Teogonía*, ellos fueron los héroes que combatieron ante Troya y Tebas, la de las siete puertas, y que se convirtieron en los padres de las familias patriarcales. Pero el Olimpo, la morada abierta a los espíritus durante el periodo matriarcal, había quedado cerrada desde que Zeus reinaba en ella, y también "las almas de los héroes son enviadas a habitar la isla de los bienaventurados, lejos de los inmortales" del Olimpo, mientras que las almas de sus contemporáneos de la raza de bronce retornaban al glaciar Hades, pues no eran padres de familia. Los helenos, pues, tras de haber reflejado el patriarcado en el cielo, utilizaban a los habitantes imaginarios del Olimpo para fabricar a los ancestros de las familias patriarcales, que eran hijos de dioses. Hasta ese momento, las tribus y los clanes habían tomado por ancestros, por *tótems*, a animales, plantas o, a veces, incluso astros.

Las leyendas de estas dos razas demuestra que fue difícil extirpar la creencia en el alma y en su inmortalidad, y que el culto familiar de los ancestros —que para Fustel de Coulanges es primitivo— tardó algún tiempo en establecerse: las armas de los héroes, en lugar de habitar la tumba familiar, como lo harían más tarde, iban a pasar su existencia espiritual a la Isla de los bienaventurados, gobernada por Cronos.

El patriarcado no tolera la creencia en la supervivencia del alma. Por tanto, los helenos hubieron de componérselas de una manera tan original como ingeniosa para desanimar a los hombres que no eran padres de familia, respecto a sus ansias de poseer un alma inmortal, trans-

formaron en una triste y desencantada morada
el delicioso paraíso que los salvajes habían inventado para albergar a los espíritus, reservaron
el Olimpo para los dioses y la Isla Afortunada
para los héroes (hijos de los dioses y padres de
familia), e inventaron el sombrío y glacial Hades
para aquellos que, no siendo padres de familia,
continuaban teniendo la presunción de dotarse
de un alma inmortal. La vida en el Hades era
tan aburrida que Aquiles, muerto cuando aún
vivía su padre, y por consiguiente antes de poder convertirse en padre de familia, dijo a Ulises
que cambiaría su reinado entre los espíritus por
la existencia de un obrero. La inmortalidad solo
engendraba sinsabores para aquellos que la obte-
nían: Titón, a quien Zeus concedió la inmortalidad como presente de bodas cuando se casó con
la diosa Aurora, cayó en tal decrepitud que se
convirtió en un objeto de disgusto: debía desear
la muerte tanto como los miserables inmortales
de la isla Liliput del viaje de Gulliver.

Cuando la familia patriarcal hubo creado una
costumbre y una mentalidad nuevas, sus miembros, a excepción del padre, se acostumbraron
a la idea de no tener alma y se resignaron a no
ser más que *mortales*, como dicen Hesíodo y Es-

quilo. El número de individuos desprovistos de alma era considerable, pues la familia patriarcal se componía, no solamente de la mujer legítima, las concubinas y los hijos del padre, sino también de la familia de sus tíos, sus hermanos y sus hijos. Estos *hombres mortales* no podían sustraerse a la autoridad del padre, puesto que no podían encender un nuevo hogar familiar por causa de la negativa de Zeus a comunicarles el fuego sagrado.

Y fue Prometeo quien, al procurar a dichos *hombres mortales* una brasa robada a la "fuente del fuego", les dio el derecho de convertirse en padres de familia y de poseer un alma inmortal. "Yo —dice a las Oceánidas— me he atrevido, he liberado a los mortales, les he impedido que fueran al Hades, completamente aniquilados". (*Prometeo*, 239/40). "Por lo menos he impedido a los mortales que previeran la muerte", es decir, que creyeran que morirían completamente.[7] "¿Cómo es eso?", le preguntan ellas; y él responde: "He puesto en ellos audaces esperanzas… Les he dado

---

[7] Otra leyenda, que creo referida por Servius, decía que gracias a los consejos de Prometeo, Deucalión había podido escapar a la muerte.

el fuego", que les permitirá convertirse en padres
de familia. "Los he hecho reflexivos y dueños de
su voluntad, a ellos que antes eran como niños
(*nepíos*), que viendo veían en vano, que oyendo
no oían nada" (ibíd., V. 252/5 y 444/8). Esquilo
se sirve de la misma palabra: *népios*, que emplea
Hesíodo para caracterizar la actitud pusilánime
del hombre ante la madre: los mortales, ante el
despótico padre, eran como niños sin voluntad;
solamente veían y oían por los ojos y los oídos
de él.

La *Ilíada* ignora a Prometeo. Sin embargo, la
primera parte del mito se compone de acontecimientos acaecidos en los comienzos del patriarcado, y este poema dedicado a los héroes de la
familia patriarcal data de esa época: sus prota-
gonistas, los guerreros, al enumerar sus genea-
logías llegan, después de tres o cuatro ancestros
humanos, a un dios, es decir, a un padre desconocido o incierto, como sucedía cuando la filiación era establecida por la madre. En cuanto a
la segunda parte del mito —el robo del fuego
y el mito de Pandora, que es su epílogo—, no
podía ser imaginada sino a partir del momento
en que la familia patriarcal, bajo la presión de los
fenómenos económicos, entró en su periodo de

disgregación, produciéndose una evidente agitación entre los numerosos familiares colocados bajo la autoridad del padre, con objeto de compartir el dominio familiar y establecer familias independientes. Hesíodo y Esquilo pertenecen a esa época.

Hesíodo y su padre habían llegado a Ascra procedentes de Cumas por razones de negocios, fueron extranjeros en las ciudades de Beocia que habitaron. Consecuentemente, al igual que los artesanos y los comerciantes, nunca disfrutaron de los derechos de ciudadanía ni pudieron, por consiguiente, convertirse en propietarios de bienes raíces, ni tampoco organizar su familia sobre la base de la familia patriarcal, cuyo fundamento era inalienable. Los individuos de la clase industrial y comercial, considerados como extranjeros incluso en las ciudades donde producían y traficaban desde muchas generaciones antes, vivían al margen del patriarcado y en oposición a su organización aristocrática, que los oprimía; conservaban una teogonía y unas tradiciones que la religión de los padres había intentado suprimir. Por ello, precisamente, en los poemas hesiódicos se encuentran leyendas que no mencionan los poemas homéricos.

Esquilo, ciudadano de Eleusis e iniciado en los Misterios de Deméter —fue acusado de haberlos revelado—, conocía los recuerdos de la época matriarcal que las sacerdotisas conservaban y explicaban a los afiliados. La invocación de Prometeo al "divino éter... que contiene la luz común a todos" (*Prometeo,* V. 88 y 1082), parece demostrar que él también era, al igual que los poetas y los filósofos de su tiempo, un adepto a la secta órfica, que introducía una concepción metafísica de la divinidad. En cuanto al culto a las diosas matriarcales, que para escapar a las persecuciones se había rodeado de sombra y misterio, se afirmaba cada vez con más intensidad y entrando en lucha abierta con la religión oficial del patriarcado, cuyos dioses, atacados y ridiculizados, iban cayendo progresivamente en la desconsideración de la opinión pública. Esquilo injuria violentamente a Zeus, llamándolo "el tirano del olimpo", y a los nuevos dioses los considera oportunistas. Claro que Hesíodo no tenía por ellos un mayor respeto; pero su calidad de extranjero lo obligaba a ciertas consideraciones: si bien muestra al padre de los dioses y de los hombres como el hazmerreír del Olimpo, por causa de su glotonería y de su escasa inteligencia, se cree obligado a atenuar la sátira hablando de sus "imperecederos consejos" y asegurando que, habiendo descubierto la trampa que le tendió Prometeo, a propósito se dejó engañar. Por lo demás, Esquilo podía permitirse más libertades con los dioses patriarcales, y no solo porque disfrutaba de los derechos de ciudadanía, sino también porque en su época la descomposición de la familia patriarcal estaba más adelantada que en tiempos de Hesíodo.

Mientras la familia patriarcal se derrumbaba, sus dioses se desacreditaban y las antiguas divinidades femeninas experimentaban una nueva existencia, renacía la creencia en el alma y en su supervivencia. Y, precisamente porque los numerosos misterios de las diosas primitivas, que reaparecieron un poco por todos lados, habían conservado la idea del alma, precisamente por eso, esos misterios se hicieron muy populares y prepararon el camino al cristianismo. La renaciente idea del alma se manifestaba bajo la forma que había revestido en la ideología salvaje: el alma era un doble, un espíritu que desertaba del cuerpo o se le reintegraba a voluntad. Así, el pitagórico Hermotimus —que debió ser un contemporáneo de Esquilo, puesto que Aristóteles asegura que había afirmado antes que Anaxágoras que el

espíritu (*nous*) era "la causa de todo"— pretendía
que su alma lo dejaba para irse lejos en busca de
noticias; sus enemigos quemaron su cuerpo, durante una de sus ausencias, para poner fin a estos
vagabundeos. Lucrecio reproduce la explicación
del sueño inventada por los salvajes: "cuando los
miembros ceden al dulce abatimiento del sueño
—dice—, y el cuerpo descansa pesado e inmó-
vil, hay sin embargo en nosotros otro (*est aliud
tamen in nobis*) a quien agitan mil movimientos"
(*La nueva naturaleza de las cosas*, VII, v. 113/14).
Pues bien, los primeros cristianos tenían la misma idea que los salvajes. Los muertos son aquellos que duermen, dice San Pablo (I, *Corintios*,
XV); ellos se despertarán cuando las almas vuel-
van a los cadáveres. Tertuliano (*Apologéticas,* 42)
muestra cómo los cristianos ricos hacían embal-
samar sus cadáveres, al igual que los egipcios,
para mantener el domicilio del alma en el mejor
estado posible de conservación; y San Agustín
—que duda en tomar a los paganos argumentos
que le ayuden a demostrar la resurrección de la
carne— recuerda que Labeón, un jurisconsulto
del tiempo de Augusto, contaba cómo las almas
de dos individuos muertos el mismo día recibieron la orden de volver a sus cuerpos, que resuci-
taron.

Cuando se elaboró la segunda parte del mito de Prometeo, únicamente se podía tener un alma si se era padre de familia; y para tener el derecho de encender un hogar familiar, era necesario, según las ideas religiosas, poseer una brasa de fuego sagrado, tomada de la fuente del fuego. Prometeo, al procurar a los mortales una brasa del hogar del Olimpo, "el manantial del fuego", les hizo donación del alma que habían perdido después de constituirse el régimen de la familia patriarcal.

Pero Prometeo solamente hizo ese don a los hombres; las mujeres continuaron estando, como en el pasado, privadas de alma. La antigüedad pagana no reconoció jamás un alma a la mujer, o en todo caso a las que estaban iniciadas en los misterios de las divinidades femeninas. Y los primeros cristianos dudaron mucho antes de duplicarlas otorgándoles un alma, a pesar del papel prominente que ellas, las mujeres, jugaron en la propagación de la fe. Así, San Agustín, en *La Ciudad de Dios*, discute amplia y seriamente esta cuestión que tanto preocupaba a los fieles de su siglo.

El mito de Pandora

Cuando se produjo la disolución de la familia patriarcal, la mujer no recobró la posesión del alma
que había tenido en los tiempos del matriarcado,
sino que, por el contrario, obtuvo la reputación
de ser la causa de las miserias humanas.

Zeus, para castigar a los mortales, quienes
al encender los hogares familiares devenían inmortales, ordenó a Hefesto modelar, con tierra
"templada con lágrimas", dice Stobée, una "tí-
mida virgen" a la que animó y a la que los dioses colmaron de presentes; de ahí su nombre:
"Pandora". Hermes la dotó de falsedades, de
pérfidos razonamientos y de maneras insinuan-
tes; y Argo la condujo hasta Epimeteo, quien,
habiendo olvidado la recomendación de su hermano Prometeo respecto a no aceptar nada del
hijo de Cronos, la tomó por esposa. Ella fue la
que dio nacimiento a la perversa y derrochado-
ra raza de las "mujeres veleidosas" (*Teogonía*, V.
590); y también fue ella la que, al abrir la caja
que había recibido como regalo de bodas, hizo
que se escaparan y se esparcieran por el mundo
los males que afligen a la humanidad; la esperanza se quedó en el fondo de la caja. La mujer, que

en la época matriarcal había sido la madre "santa y providencial" del hombre, se convirtió así, en la época de la familia burguesa, en la generadora de sus males.

Los patriarcas compraban a sus esposas. *La Ilíada* llama a las muchachas solteras "descubridoras de bueyes", porque se las cambiaba por ganado. Incluso Prometeo, que clamaba furiosamente contra Zeus, aceptó el orden nuevo introducido por este en la familia y compró a su mujer, Hesione, que sin embargo era una oceánida (*Prometeo,* V. 551).

Cuando el marido repudiaba a su esposa y la devolvía a su padre, él restituía el precio que aquel había pagado por ella. Como era de esperar, esta costumbre de los hombres se produjo también entre los dioses; así, cuando Hefesto sorprendió a su mujer Afrodita en flagrante delito de adulterio con Ares, invitó a todos los olimpianos a que fueran a contemplar a los dos amantes atrapados en sus redes, y juró que no los liberaría en tanto que "el padre no le haya devuelto todos los presentes que debió entregar para adquirir aquella esposa impúdica (*Odisea,* VII, 317 y sig.).

Las costumbres del patriarcado se transformaron a medida que este fue declinando. El marido cesó de procurarse a su mujer legítima como si se tratara de una esclava, y los padres de esta dejaron de percibir una cantidad cualquiera cuando la entregaban como esposa; en lugar de esto le hacían regalos que, añadidos a los presentes del marido, constituían la dote que él debía restituir si, por cualquier causa, la repudiaba. De este modo, la desagradable obligación de restituir el valor de la dote, en vez de reembolsarse lo que se había tenido que dar para la adquisición de la esposa, obligaba a los maridos a ser menos propensos a repudiar a sus mujeres. "La dote no los enriquece —dice un fragmento de Eurípides—, solo hace más difícil el divorcio". Así, Epimeteo no compró a su esposa, sino que fue ella la que aportó, como dote, los presentes de los dioses. En tales condiciones, el previsor Prometeo no hubiese aceptado a su esposa, pero el imprevisor Epimeteo sí.

Por lo tanto, la mujer ya no estaba en la casa del marido como esclava, sino como propietaria. Y la propiedad le procuró algunos derechos, mientras que la dote le aseguró cierta independencia con respecto al amo: "Tú has aceptado el dinero de la dote —dice un personaje de Plauto a un marido que recrimina a su mujer—, tú has vendido tu autoridad (*imperium*)". Consiguientemente, en reconocimiento de los bienes que aportó al matrimonio, la mujer empezó a rechazar la realización de los trabajos penosos que la habían sometido; y de animal de carga, se convirtió en "mujer veleidosa".

Pero los hombres, que acababan de salir del patriarcado, no podían soportar pacientemente esta metamorfosis, y se vengaron calumniando a la mujer: "Quien confía en su mujer, confía en el saqueador de sus bienes" (*Los trabajos y los días*, V. 94), dice Hesíodo, que es quien inaugura la serie de difamadores. Las pérfidas calumnias y violentas diatribas que poetas, filósofos y padres de la Iglesia han lanzado desde entonces contra la mujer, no son más que la rabiosa expresión del profundo desprecio que corroyó el corazón del hombre cuando vio a la mujer comenzar a liberarse de su brutal despotismo.

Pero otra forma de familia iba a reglamentar las relaciones de los sexos.

La familia patriarcal había sido una comunidad de parejas en la que todos los hombres estaban unidos por lazos de sangre y descendían del mismo ancestro, mientras que las mujeres eran consideradas extranjeras que debían pasar por una ceremonia de adopción para poder incorporarse a ella. Las parejas poseían en común un patrimonio inalienable y derechos en los repartos anuales de las tierras que todavía no habían sido divididas; el padre era solamente el administrador de estos bienes, en interés de todos. La familia que la reemplazó sería individualista y estaría constituida por una sola pareja, que ya no reposaría sobre la posesión de unos bienes raíces.

Esta familia individualista, de una sola pareja, que es la forma peculiar de la clase burguesa, era precisamente la de los negociantes, los industriales y los artesanos que vivían, como extranjeros, en las ciudades antiguas. Sin embargo, tales clases democráticas —que estaban en lucha perpetua contra los aristócratas de la familia patriarcal, a quienes querían arrancar unos derechos políticos y civiles— se enriquecieron y crecieron en las ciudades marítimas y comerciales de Ionia y de la Gran Grecia, donde la poesía lírica, es decir, la poesía individualista por excelencia, comenzaba a sustituir a la poesía épica de los tiempos patriarcales —pasada de moda y caída en decadencia— y donde nacían la filosofía, las ciencias y las artes que tan maravilloso auge deberían alcanzar en la Atenas de Pericles.

Esquilo, al darse cuenta de que los cambios en la vida material, política e intelectual acontecidos en las ciudades comerciales e industriales —donde la familia patriarcal estaba quedando reducida a una simple supervivencia del pasado— estaban vinculados a la nueva forma familiar de las clases democráticas, completó el mito que Hesíodo relataba en su primitiva simplicidad: atribuyó a Prometeo no solo la comunicación a los mortales del fuego sagrado, sino también la explotación de las minas, la invención de la navegación, de la astronomía, de la medicina, de la aritmética, "la más bella de las ciencias"… "En una palabra, les dice a las oceánidas: sepan que los mortales deben todas las artes a Prometeo" (*Prometeo*, V. 506).

El mito de Prometeo abarca la evolución del patriarcado heleno. El Titán, que en plena lucha desertó de sus hermanos y traicionó a la causa matriarcal, que prestó su concurso a Zeus para adueñarse del Olimpo y para entronizar en él un nuevo orden, que ridiculizó al padre de los dioses y que conspiró para arrancarle el poder, ese Titán fue quien asestó el golpe de gracia a la familia patriarcal al robar y comunicar el fuego sagrado a los mortales, con objeto de que crearan la familia individualista de la clase burguesa.

El ideal socialista

Desde hace algún tiempo, los compañeros alemanes discuten, sin llegar a ponerse de acuerdo, sobre si el socialismo es o no una ciencia. En mi opinión, el problema tiene una solución muy sencilla si se plantea como sigue: el socialismo no puede ser una ciencia, por la sencilla razón de que es un partido de clase, por lo que habrá de disolverse cuando haya cumplido su objetivo, es decir, tras la abolición de las clases sociales que le dan su razón de ser; sin embargo, el objetivo que pretende alcanzar el socialismo es totalmente científico.

Como de forma muy acertada decía Guizot —quien no tenía más que una vaga idea de lo que es la lucha de clases, y sobre todo de esa dramática lucha de clases que es la revolución—, una clase no puede emanciparse en tanto no haya llegado a poseer las condiciones necesarias para hacerse cargo de la dirección de toda la sociedad. Y una de tales condiciones es, desde luego, llegar a concebir de una manera correcta y con un alto nivel de precisión el orden social que trata de instaurar. Sin embargo, un tal concepto solo puede ser lo que se llama "un ideal social", o para emplear la terminología científica, una hipótesis social que, al igual que todas las hipótesis —tanto las que se forman en las ciencias naturales como las que se realizan en las ciencias sociales puede concebirse a su vez como utópica o como científica.

El socialismo, partido político de la clase oprimida, tiene un ideal en torno al que se agrupan y organizan los esfuerzos de todos los individuos que desean edificar, sobre las ruinas de la sociedad capitalista, cuyos cimientos son la propiedad individual, una sociedad ideal, hipotética, basada en la propiedad común de los medios de producción.

El socialismo moderno aspira a realizar sus ideales utilizando como medio más adecuado la lucha de clases, y cree poseer todas las condiciones necesarias para ser considerado como una "hipótesis científica". El hecho de tener un objetivo científico y de esperar cumplirlo utilizando la lucha de clases, distingue a este socialismo de aquel otro, anterior a 1848, que perseguía alcanzar un ideal social mediante la armonía entre las clases. Aquel socialismo no podía ser otra cosa que utópico; dadas las condiciones del momento histórico en que fue concebido, debía ser forzosamente utópico.

Pero el socialismo se ha convertido en un ideal que ha pasado de ser utópico a ser científico. Engels ha señalado los grandes rasgos de esta evolución en su obra *Del socialismo utópico al socialismo científico*, y lo ha hecho de una manera notable. En todas las doctrinas científicas sucede lo mismo; comienzan por la utopía y acaban en el conocimiento positivo, siguiendo el camino impuesto por la propia naturaleza del espíritu humano.

La trayectoria del hombre es una constante progresión, tanto en la vida social como en la intelectual, que va dejando atrás lo conocido para adentrarse con creciente ahínco en lo desconocido, previamente representado como un ideal en su imaginación. Y esta concepción imaginaria constituye uno de los más poderosos estímulos con los que cuenta la acción revolucionaria. Por lo tanto, no tiene nada de extraño que los Berstein alemanes y los Jaurès franceses —que intentan "domesticar" al socialismo y hacerlo marchar a remolque del liberalismo— lo rechacen, con el pretexto de que hipnotiza a sus adeptos con una imagen ideal de la vida en el año 3000, que les obliga a vivir con la esperanza puesta en una catástrofe mesiánica, y a no aceptar las ventajas inmediatas de una armonía y una colaboración efectivas con los partidos burgueses. Además, dicen ellos, es una especie de alucinación compuesta de las más extrañas y absurdas ideas: concentración de las riquezas, desaparición de la pequeña industria y de la clase media, antagonismo progresivo entre las clases, generalización e intensificación de la miseria obrera, etc., y añaden que estas estúpidas ideas, desde luego totalmente erróneas, pudieran haberse tomado como hipótesis posibles antes de 1848, pero los hechos posteriores a esta fecha han demostrado con toda evidencia su falsedad. Para concluir, afirman que este desdichado ideal impide "descender de las alturas revolucionarias" para "aceptar las responsabilidades del Poder", y también *vigilar para que no falte ni un céntimo ni un soldado* a las expediciones coloniales que llevan a los pueblos bárbaros el trabajo, el cristianismo la sífilis y el alcoholismo de la civilización.

Los neometodistas del antiguo y gastado evangelio de la fraternidad entre las clases, aconsejan a los socialistas que abandonen su ideal (pues desgraciadamente seduce a las masas populares, perjudicándolas gravemente), que no hablen de sueños imposibles y que se consagren al servicio de las necesidades prácticas, a los "vastos" planes de producción agrícola e industrial cooperativizada y de enseñanza en las universidades populares, etc., etc. En realidad, todas estas prácticas que bordean el oportunismo más flagrante, están concebidas para que las sigan los idealistas trascendentalistas, los que van por el mundo caminando con los ojos fijos en las estrellas, los que reemplazan las ideas por una brillante orquestación de palabras ampulosas y de principios eternos.[1]

---

[1]   Estos idealistas han formado sus ideas a partir del bagaje ideológico de la burguesía y su concepción de la sociedad futura es una mísera calca de la sociedad capitalista, ellos han imitado al liberal alemán Eugen Richter en la práctica de hacer la descripción del ideal que imaginan.

Así, en la *Revue Socialiste* de París, Fournière —una de las linternas más potentes del socialismo sentimental, artístico, integral y malonista— nos transporta al año 1999. La Revolución ya está hecha y se ha cumplido un ideal. ¿Qué encontramos en el seno de la sociedad descrita con tan extraordinario fervor? Pues nada más y nada menos que propietarios, ladrones, asalariados, magistrados, policías, etc. El Palacio de Justicia (ese hogar de la infamia que la Revolución Social demolerá, para convertirlo en corral de cerdos) ha sido conservado, y los Códigos de Justicia (refuerzos legales de la iniquidad que la Revo-

Los Proudhon de ese idealismo burgués, se meten en todo y con todos. Una vez concluida la Revolución de 1789 reprocharon a los sabios sus hipótesis y sus teorías, afirmando que su única obligación era limitarse a estudiar los hechos en sí mismos, sin deducir de cada uno de ellos un sistema general.[2]

Ahora recriminan a los fisiólogos lo que, a su juicio, es perder el tiempo elaborando hipótesis sin haber conseguido explicar todavía lo que sucede en un músculo que se contrae o en un cerebro que piensa; se quejan de las hipótesis que formulan los físicos, cuando aún desconocen la naturaleza de la elasticidad o de la transmisión eléctrica, ni tampoco lo que sucede cuando se disuelve un terrón de azúcar; pretenden impedir a los hombres de ciencia, en una palabra, que rea-

---

lución ha de quemar, del mismo modo que los campesinos en 1839 quemaron los pergaminos de los aristócratas) no han sido abolidos ni desterrados ni echados a la basura; por el contrario, los Tribunales de Justicia continúan abiertos, y los Códigos de Justicia siguen funcionando para desgracia de los hombres de 1999.

[2] "¿Para qué habilitar un buen taller de construcción si no ha de erigirse el edificio?", replicaba Geoffroy Saint-Hilaire, el genial discípulo de Lamarck, que descubrió y propagó con él la teoría de la continuidad de las especies, que treinta años después haría vivir a Darwin.

licen cualquier tipo de especulación, y ello aludiendo a la posibilidad de que pudiera resultar aventurada e incluso errónea; y así sucesivamente. Sin embargo, quienes esto sostienen, manifiestan sin ambages que la imaginación es una de las primeras y más indispensables facultades del sabio, y que las hipótesis por ellos sentidas constituyen, aun siendo falsas, la condición necesaria de todo desarrollo científico.

Una hipótesis es tanto más indemostrable y susceptible de resultar errónea cuanto menos ciertos y numerosos sean los elementos que la integran. Así, tomando como referencia la ciencia helena —que indudablemente ofreció una concepción nueva del mundo—, vemos cómo hubo de recurrir, en aquella época en que tan rudimentarios eran los conocimientos que se poseían sobre los fenómenos de la naturaleza, a indicios que siempre serán considerados, por su atrevimiento y acertada intuición, como auténticamente maravillosos en la historia del progreso de la conciencia humana.

Un ejemplo: después de haber admitido la opinión vulgar de que la tierra era plana y el templo de Delfos estaba en su centro, la ciencia griega admitió la hipótesis de la esfericidad del planeta, entonces imposible aún de demostrar.[3]

El socialismo, que solo data de los primeros años del siglo XIX, admitió en sus principios algunas hipótesis erróneas y se fijó un ideal utópico por la sencilla razón de que el mundo que se proponía transformar todavía estaba en vías de formación y, por lo tanto. le era desconocido.

Cuando apareció el socialismo, la máquina movida a vapor empezaba a introducirse en la industria y a desterrar los útiles de trabajo existentes hasta entonces, que debían ser accionados por la fuerza humana y solo en muy contados casos por la fuerza del viento o de las corrientes fluviales. Así, pues, resulta lógico, como hace notar Engels, que en tales condiciones los pensadores socialistas no tuvieran más

---

[3] La forma de la Tierra y la manera como se mantiene en el espacio son asuntos que han ocupado al espíritu humano desde los tiempos prehistóricos. Anaximandro decía, seis siglos antes de Jesucristo, que la Tierra era un globo que se mantenía en mitad del universo gracias a que todos los puntos de su superficie equidistaban del centro y a que se encontraba a la misma distancia de todos los demás puntos del universo, sin inclinarse a ningún lado. Empédocles afirmaba, cinco siglos antes de la Era Cristiana, que la estabilidad de la Tierra se debía al rapidísimo movimiento rotatorio que tenía.

remedio que imaginarse el ideal, puesto que no lo podían deducir científicamente del tumultuoso mundo económico en vías de transformación plena.

Y no obstante ello, fue su obra indiscutible la que recogió e infundió nueva vida al ideal comunista que dominaba en la conciencia de los hombres, haciendo despertar los recuerdos de aquel comunismo de la sociedad primitiva que la mitología poética griega llama *Edad de Oro*.

Para esos primeros socialistas se trataba de restablecer el comunismo, no porque el medio económico en evolución propiciara su introducción, sino porque los seres humanos de la época padecían miseria, porque la justicia y la igualdad eran sistemáticamente violadas y porque los preceptos de Cristo se habían convertido en algo totalmente acomodaticio y adulterado.

Aquel ideal comunista de los primeros tiempos no era producto de la realidad económica, sino una inconsecuente reminiscencia del pasado que provenía de concepciones idealistas de una justicia, una igualdad y una ley evangélica no menos idealistas. Era una especie de idealismo de segundo grado, y por tanto una utopía.[4]

Pero a los socialistas de la segunda mitad del siglo XIX, que han hecho revivir el ideal comunista en toda su pujanza, debe reconocérseles el extraño mérito de haberle dado una consistencia menos idealista. Sus obras hablan poco de la religión cristiana, de la justicia y de la igualdad. Por ejemplo, Robert Owen hace responsables de los males sociales a la familia, la propiedad y la religión; y Charles Fourier emplea su incomparable ironía para criticar sin tregua las ideas de justicia y de moral introducidas por la revolución burguesa de 1789. No lloran sobre las miserias de los pobres, como lo harían Víctor Hugo y los charlatanes del romanticismo, sino que abordan el problema social tomándolo bajo su aspecto más real, sabiendo que solo así será posible

---

[4] Las utopías más célebres, tanto la de Platón como la de Tomás Moro, no son profecías sobre la sociedad futura, sino al contrario, son visiones retrospectivas de un estado social destruido por aquel en que viven sus autores y embellecido por su imaginación. Sin embargo, los guerreros-filósofos de la *República* de Platón, a quienes él compara con los perros guardianes, viven fuera de la ciudad, en campamentos, sin familia y sin propiedad privada sometida a la autoridad de los magistrados; pueden considerarse muy bien como el antecedente de los actuales soldados que integran los modernos ejércitos regulares.

encontrarle solución. Procuran demostrar que, organizando socialmente la producción sería posible llegar a satisfacer las necesidades de todos, sin reducir la parte correspondiente a cada uno.

En aquellos años, la preocupación más acuciante de los capitalistas era organizar el trabajo conforme a las nuevas necesidades creadas por la introducción del vapor en la industria. Dadas estas circunstancias, los burgueses perseguían el mismo fin que los socialistas, pero con distintos propósitos; en consecuencia, estaba dentro de lo posible que llegaran a un acuerdo. Y lo que importa no es si llegaron o no a ponerse de acuerdo, sino extraer toda su significación del hecho de que en las filas socialistas de entonces se alineaban gran cantidad de ingenieros e industriales en general que, después de haber manifestado sus simpatías a los proletarios poniéndose a su lado, pasaron a ocupar puestos importantes en la sociedad capitalista en cuanto se les ofreció la ocasión de hacerlo.

Queda claro, pues, que el socialismo de esa época no podía, por las condiciones y la situación en que se encontraba, ser otra que pacifista. Aquellos socialistas, en lugar de entrar en lucha con los burgueses, no dejaban de soñar en

convertir a estos y en integrarlos a su ideal de
reforma social, que beneficiaría a ellos primero
que a nadie. Preconizaban la asociación del capital, la inteligencia y el trabajo afirmando que
sus intereses eran idénticos, y la armonía entre
el patrono y los obreros, entre el explotador y los
explotados. No tenían la menor idea de lo que
es y significa la lucha de clases. Condenaban la
realización de huelgas, así como cualquier tipo
de agitación política, sobre todo si revestía un
carácter revolucionario. Querían el orden en la
calle y la concordia en el taller o la fábrica. En
una palabra, deseaban mucho más y en el mismo
sentido, de lo que quería la nueva burguesía.[5]

---

[5]   Los economistas que se envanecen de la comprensión de las cosas prácticas y que tratan a los socialistas de soñadores, cuando
no los insultan abiertamente, no hacen más que entretenerse
(todavía) en combatir las utopías del socialismo de hace medio
siglo. Pero la muy sabia y práctica Economía oficial no se ha
conformado con su papel de predicadora, sino que ha caído en
el más falso y grotesco error del siglo, en la *ley de Malthus*.

Esta ridícula teoría de la población y de la producción, formu-
lada matemáticamente, cuando no se conocían estadísticas ni
de la una ni de la otra, fue inventada, aceptada y proclamada
como ley eterna para dar un carácter providencial y fatídico a
la espantosa miseria desencadenada por la aplicación industrial
del vapor y de las máquinas sobre la clase obrera. Posteriormente, las estadísticas han puesto de manifiesto el lento crecimiento de la población, parejo a la prodigiosa multiplicación
de la riqueza, y ha abierto los ojos a los aludidos economistas,
obligándolos a reconocer su error.

Preveían que la introducción de la fuerza motriz del vapor, de la máquina útil y de la concentración de instrumentos de trabajo, darían a la industria unas colosales posibilidades productivas, y tenían la candidez de creer que los capitalistas se contentarían con percibir una parte razonable de las riquezas así obtenidas y que dejarían a sus cooperadores, los trabajadores manuales e intelectuales, lo suficiente para mejorar su vida y acercarla a su bienestar.

De modo que aquel socialismo servía a las mil maravillas los intereses del capital, permitiéndole acrecentar sus riquezas y recomendando al obrero la armonía con el patrón. Aquel socialismo reclutaba a sus adeptos en los centros de enseñanza burgueses; era utópico, y por eso fue el socialismo de los intelectuales.

Pero, precisamente por ese carácter utópico lo obreros, que siempre han estado y están en lucha contra los patrones, por causa del salario y de las horas de trabajo, sospechaban de él. No acertaban a comprender un socialismo que condenaba las huelgas y la acción política, un socialismo que tenía la pretensión de armonizar los intereses del capital y del trabajo, del explotador y del explotado.[6] Y se separaban de él para simpatizar con los radicales burgueses, que desde luego eran más revolucionarios, afiliándose a las sociedades secretas en que estos se constituían, acudiendo a las barricadas y tomando parte en los motines y las revoluciones políticas.

Marx y Engels tomaron el socialismo en el punto en que lo habían dejado los grandes utopistas. Pero, en lugar de estrujar sus cerebros para inventar una organización del trabajo y de la producción, estudiaron la que imponían las nuevas necesidades creadas por la industria moderna, que por cierto ya estaba bastante desarrollada.

En efecto, la producción se hacía más y más cuantiosa, y, como lo habían afirmado y previsto Fourier y Saint-Simon, ya era posible atender con ella, y abundantemente, las necesidades normales de todos los miembros de la sociedad. Por primera vez en la historia se alcanzaba una

---

[6]   Según mis noticias, Marx y Engels son los primeros socialistas que en el continente europeo tomaron abiertamente partido en favor de la huelga, colocándose con ello frente a los burgueses y a los utopistas del socialismo. Cfr. el estudio de Engels sobre *La situación de la clase obrera en Inglaterra*, publicado en 1847, y el análisis de Marx sobre *La miseria de la filosofía,* aparecido en vísperas de la Revolución de 1848.

potencia productiva que hacía posible la reintro-
ducción del comunismo, es decir, de la verdadera
igualdad en la participación de todos los hombres de las riquezas sociales y del libre y completo
desenvolvimiento de sus facultades físicas, intelectuales y morales.

El comunismo ya no era una utopía: podía
ser una efectiva realidad.

El útil-máquina sustituye la producción individual artesanal de la pequeña industria por la
producción comunista de la fábrica; pero la propiedad de los medios de trabajo continúa siendo
individual, como en los tiempos de la pequeña industria. Ello hace que exista una autonomía entre el modo individualista de posesión y el modo
comunista de producción, un contraste que se
traduce en antagonismo entre los intereses del
obrero y los del patrono capitalista.

Los productores, que forman la inmensa mayoría de las naciones, no poseen los instrumentos
de trabajo, el dominio de los cuales está centra-
lizado en las ociosas manos de una minoría cada
vez más pequeña. Por eso el problema social que
plantea la producción mecánica no se resolverá

en tanto no se adopten las mismas o similares medidas que se emplearon para resolver los problemas planteados por los precedentes modos de producción, es decir, en tanto no se precipite la evolución comenzada por las fuerzas económicas y se acabe por conseguir la expropiación de los medios de trabajo en beneficio de la colectividad.

El comunismo de los socialistas contemporáneos no emana, como el de tiempos pasados, de las reflexiones de pensadores de genio, sino que es producto de la realidad económica.

Los capitalistas y sus intelectuales han elaborado, sin darse cuenta de ello, el molde comunista del nuevo estado social que con tanta premura está llegando al momento de su establecimiento. Por lo tanto, el comunismo no es una hipótesis utópica como antaño, sino un ideal científico. Se puede afirmar, sin temor a equivocarse, que nunca se ha analizado mejor ni de un modo más completo la estructura económica de ninguna sociedad, como se está haciendo con la sociedad capitalista, y que jamás un ideal social ha sido concebido disponiendo de tantos y tan positivos datos como el ideal comunista del socialismo moderno.

Cualesquiera que sean las fuerzas económicas que incitan a los hombres a la acción, cualquiera que sea la fuerza misteriosa que determina las grandes corrientes de la historia —que los cristianos atribuyen a Dios y los librepensadores al Progreso, a la civilización, a los inmortales principios y demás *Manitus*[7] propios de los pueblos primitivos—, siempre son el producto exclusivo de la actividad humana. Hasta aquí, los hombres hemos creado fuerzas y hemos sido dominados por ellas; a partir de ahora, que empezamos a comprender su naturaleza y su tendencia, podremos influir en la evolución de dichas fuerzas.

A los socialistas se nos acusa de estar impregnados del fatalismo oriental, se dice que esperamos que la sociedad comunista surja del libre juego de las fuerzas económicas; pero lo cierto es que, en lugar de cruzarnos de brazos, como hacen los faquires de la economía oficial y de tener abierta la Biblia por la página que contiene su dogma fundamental: "dejar hacer, dejar pasar", nosotros nos proponemos someter a las fuerzas

---

[7]   Divinidad tutelar adorada por los salvajes de América Septentrional.

ciegas de la naturaleza y hacer que sirvan para la felicidad de todos los hombres.

No esperamos que nuestro ideal social caiga del cielo, como los cristianos esperan la gracia de Dios o los capitalistas las riquezas; por el contrario, nosotros nos disponemos a llevarlo a la práctica sin apelar a la inteligencia de la clase enemiga, ni tampoco a sus sentimientos de justicia y humanidad, porque la combatimos y porque estamos seguros de acabar expropiándola del poder político con que protege su despotismo económico.

El socialismo posee un ideal social propio y tiene, por consiguiente, una crítica propia. Toda clase que lucha por su emancipación pretende imponer un ideal social en completa oposición al de la clase dominante, esto es obvio. Y la contienda que ello provoca se produce antes en el terreno de los principios que en el de los hechos; comienza por la crítica de las ideas qua trata de abolir, por la sencilla razón de que "las ideas de la clase dominante son siempre las ideas que informan la sociedad". Es decir, que las ideas son el reflejo intelectual de los intereses materiales. Consiguientemente, pues, en tanto que la riqueza de la clase dominante ha sido producida por el esclavo, la religión, la moral, la filosofía y la literatura defienden de común acuerdo la esclavitud.

El mezquino Dios de los judíos y los cristianos castiga con la maldición a la prole de Clam, para que sea ella la que suministre esclavos a la clase dominante. Aristóteles, el pensador enciclopedista de la filosofía griega, dice que los hombres son esclavos por naturaleza, al tiempo que les niega a estos la posibilidad de tener iguales derechos que los hombres libres, los privilegiados. Eurípides expone en sus tragedias una moral servil.[8] San Pablo, San Agustín y demás padres de la Iglesia enseñan a los esclavos que deben practicar la más completa sumisión a los amos de la tierra si quieren merecer la gracia del amo del Cielo.

La civilización cristiana introdujo la esclavitud en América, y la ha mantenido hasta que

---

[8] Eurípides proclama que el esclavo debe identificarse con su amo, y escribe: "Ruin es el esclavo que no se asocia a la fortuna de su amo, que no se alegra de su prosperidad y no se aflige por sus infortunios", en *Helena de Troya*, y "los buenos esclavos se asocian a las desgracias de sus amos", en *Las bacantes*. Hay que hacer notar que estas dos sentencias son puestas por el poeta trágico en boca de esclavos, como para darles más fuerza.

los fenómenos económicos han demostrado que la esclavitud es un modo de explotación de la fuerza humana que resulta más costoso y menos remunerador que el trabajo del hombre aparentemente libre.

En la época de la descomposición grecorromana, cuando el trabajo de los artesanos y de los obreros libres empezaba a sustituir el trabajo de los esclavos, la religión, la filosofía y la literatura se decidieron a reconocer a estos últimos algunos derechos. El mismo Eurípides, que aconsejaba al esclavo que confundiese su personalidad en la del amo, renunciando al menor rasgo de individualidad, se negó de pronto a que los esclavos fuesen menospreciados; dijo: "el esclavo no es inferior al hombre libre, cuando tiene un corazón generoso".

Los misterios de Eleusis y de Orfemia, al igual que el cristianismo, continuador de su obra, admitían entre sus iniciados a esclavos y les prometían la libertad, la igualdad y la felicidad para después de la muerte.

En la Edad Media, cuando la clase dominante era guerrera, la religión cristiana y la moral social condenaban el préstamo con intereses y conside-

raban infamante el mismo hecho de prestar dinero. Entonces, cobrar algún interés por el dinero
prestado estaba considerado algo tan ignominio-
so que la raza judía lleva aún sobre sí la vergüenza
de haberse dedicado a ese comercio. Pero hoy que
los cristianos se han convertido en judíos, y que la
clase dominante vive del interés de sus capitales,
el oficio de prestamista con interés, el oficio de
rentista es el más honorable de todos los existentes, el que más se desea y se busca.

La clase oprimida elabora sus ideas religiosas,
morales y políticas en relación con sus condiciones de vida e independientemente de los ideales
que animan a la clase opresora. Y esas ideas, va-
gas y secretas en un principio, se van afirmando a
medida que sus portadores, la clase oprimida, to-
man cuerpo como tal y adquieren conciencia de
su utilidad y de su fuerza, y a medida que su au-
daz concepción de la naturaleza y de la sociedad
son contrapuestas más y más vigorosamente a la
clase dominante: en este momento, cuando esto
se produce, significa que la hora de la emancipación de la clase oprimida está próxima a sonar.[9]

---

[9] Las condiciones económicas en las que ha nacido y se ha de-
sarrollado la burguesía le dan un neto carácter de clase esen-

Los socialistas militantes están tomando ejemplo de los enciclopedistas del siglo XVIII y se dedican a realizar una crítica acérrima de las ideas económicas, políticas, históricas, filosóficas, morales y religiosas de la clase capitalista,

---

cialmente religiosa; el cristianismo es obra suya, y perdurará en tanto que esa clase domine en la sociedad.

Siete u ocho siglos antes de Jesucristo, al comenzar a formarse la burguesía en las ciudades comerciales del Mediterráneo, empezó a elaborarse una religión nueva. Los dioses del paganismo clásico, creado por los guerreros, no convenían a una clase que se dedicaba a la producción y venta de mercancías. Los cultos misteriosos hacían revivir las tradiciones religiosas del periodo prehistórico matriarcal, renacía la idea del alma y de su existencia después de la muerte del cuerpo. Se introducía la idea de castigos y recompensas póstumas para reparar las injusticias sociales.

Todos estos elementos religiosos, combinados con las condiciones espirituales de la filosofía griega, contribuyeron a formar el cristianismo, la religión por excelencia de las sociedades que han tenido por base la propiedad individual y de las clases que se han enriquecido con la explotación del trabajo asalariado. Independientemente del carácter que hayan revestido los movimientos realizados por la burguesía, todos ellos han estado acompañados por crisis religiosas, aunque siempre haya quedado como religión de la sociedad un cristianismo más o menos modificado. Así, por ejemplo, los revolucionarios de 1879, que en el ardor de la lucha prometieron descristianizar Francia, una vez victoriosa la burguesía se apresuraron a restablecer los altares que habían derribado y a reintroducir el culto que habían proscrito.

El medio económico en que se engendra el proletariado, lo aparta de toda idea y de todo sentimiento religioso. Así, se observa que las masas obreras de la gran industria de Europa y América no manifiestan el menor deseo de formar ninguna

con objeto de preparar en todas las esferas del pensamiento el triunfo de la nueva ideología que trae al mundo el proletariado.

✳   ✳   ✳

religión que sustituya al cristianismo, ni de reformar a este. Las organizaciones económicas y políticas de la clase obrera dejan al margen toda discusión doctrinal sobre los dogmas religiosos o espirituales, aunque combaten a los sacerdotes de todas las religiones como a criados que son de los capitalistas.

La victoria del proletariado librará a la humanidad de la pesadilla religiosa. La necesidad de creer en seres superiores para explicar el mundo natural y las desigualdades sociales, así como para prolongar la dominación de la clase opresora, y la necesidad de señalar una existencia póstuma al alma para reparar las injusticias del destino, no tendrán razón de ser a partir del momento en que el hombre conozca las causas generales de los fenómenos de la naturaleza y viva en una sociedad comunista. Pues, en esa sociedad comunista habrán desaparecido las injusticias y las desigualdades del régimen individualista.

TÍTULOS DE ESTA COLECCIÓN

Diálogo en el infierno entre Maquiavelo y Montesquieu. *Joly*

Diálogos I. *Platón*

Diálogos II. *Platón*

Diario de un seductor. *S. Kierkegaard*

Discurso del método. *René Descartes*

El amor y la religión. *S. Kierkegaard*

El amor, las mujeres y la muerte y otros ensayos. *Schopenhauer*

El contrato social. *Juan Jacobo Rousseau*

El derecho a la pereza / El mito de Prometeo /
    El ideal socialista. *Paul Lafargue*

El existencialismo es un humanismo. *Jean Paul Sartre*

El hombre mediocre. *José Ingenieros*

El origen de la vida. *A. I. Oparin*

El príncipe. *Nicolás Maquiavelo*

Ética nicomaquea. *Aristóteles*

Fundamentación de la metafísica de las costumbres. *I. Kant*

Ideología y aparatos ideológicos de estado. *Louis Althusser*

La ciudad del sol. *Tomasso Campanella*

La conquista de la felicidad. *Bertrand Russell*

La náusea. *Jean Paul Sartre*

La rebelión de las masas. *José Ortega y Gasset*

Lo bello y lo sublime. *Immanuel Kant*

¿Qué es una constitución? *Ferdinand Lassalle*

Sobre la amistad. *Aristóteles*

Teoría del conocimiento. *J. Hessen*

Tratado de la desesperación. *S. Kierkegaard*

Utopía. *Tomás Moro*

Impreso en los talleres de
MUJICA IMPRESOR, S.A. de C.V.
Calle camelia No. 4, Col. El Manto
Deleg. Iztapalapa, México, D.F.
Tel: 5686-3101.